WAC BUNKO

「安いニッポン」が日本を大復活させる!

武者陵司

C

はじめに――重版にあたって

日本の劇的な大復活が始まった。株高が止まらない。

2023年6月16日、日経平均は33706円とバブル後の高値を更新し、日本株が世界株式の中心に躍り出た。私は「2023年は日本の大転換の年、日本が世界投資の中心になる年」と主張してきたが、それが現実となっている。年初来で見れば日経平均は+30%と、米国（S&P500）+14%、ドイツ（DAX）+16%、韓国（KOSPI）+17%を抑えて断然トップである。コロナ直前の2020年1月からの上昇率も+41%と、やはり世界主要市場で最高の上昇率である。

株高だけではない。一年半前には全く想像できなかった大変化が立て続けに起きている。昨年2月の本書執筆時点では115円だった円相場が150円まで下がり、現在も140円台で推移している。また企業の設備投資が急増し、1980年代以降最高の伸びが続いている。特に一旦は完全に衰退過程に入っていた半導体で投資ブームが燃え上がっている。

さらに春闘で30年ぶりの高賃上げ率3・7%が実現した。インバウンドが急増し、日本の津々浦々が外人観光客で溢れている。広島サミットではG7だけでなく、韓国やグローバルサウスの首脳も集結し、日本が世界安定の要であることを知らしめた。

経済の理屈では考えられないスピードで、半導体投資の風が巻き起こっている。はじまりは2021年4月の菅バイデン会談である。そこで日米共同声明が打ち出され、その中で最も重要な経済的課題が半導体であった。1カ月後の5月に自民党のトリプルA、麻生・甘利・安倍各氏の主導による半導体戦略推進議員連盟ができ、10兆円規模の投資を推進することがうたわれた。その5カ月後にはTSMCが熊本に投資額1兆円の工場をつくることを決定。その完成を待たずして、新たに第二工場建設まで決まっている。ラピダスという半官半民の最先端半導体製造会社がIBMの協力により設立され、北海道千歳で累計5兆円規模の投資を推進している。今年の広島サミットに絡んで、TSMC・インテル・サムスン・マイクロテクノロジーなど、世界の主要半導体メーカー7社のトップが日本に集まり日本での投資を表明した。こうしたことにより、世界的減速が続く中で日本だけが、経済成長を加速させている。2023年第1四半期のGDPは日本のみ大幅上方修正された。設備投資の大幅な増加、インバウンドの急増が景況を大きく好転させている。日本はメガ景気に突入したのだ。

数十年ぶりのこの変化の起因は、すべて地政学にあるといっていい。米国では左右両極、共和党・民主党を問わず、中国を最大の脅威とする挙国一致の国論が形成され、対中抑止が国家としての最重要課題となった。米国の方針転換が、日本経済の命運を変えた。

中国は社会主義市場経済という美名のもとで、意のままに国家資金を動員し、規制と産業政策、時には恫喝や技術窃盗をしてでも技術力を高め、多くの重要な商品分野で世界の競合企業をなぎ倒し、圧倒的シェアを築きあげてきた。世界の鉄鋼生産やセメント生産の5割以上を中国が占め、スマホにいたっては8～9割のシェアを中国が独占している。太陽光発電パネルでは世界シェアの8割を確保しており、脱カーボンを進めれば自動的に中国に需要が集中する。EV用バッテリーでは2011年設立のCATLが今や世界最強のメーカーとなっており、EVを作るには中国企業の協力が不可欠である。

振り返ると10年ほど前までは、鄧小平の「韜光養晦《とうこうようかい》」路線により爪を隠していた中国共産党政権は習近平時代に入り、米国と世界覇権を争う意欲をあからさまにし始めた。南沙諸島の埋め立てと軍事要塞化など、力による領土拡大を推し進めている。この中国の変化にようやく米国は気づき、中国の近代化と経済発展を助けることが米国の国益であるという関与政策（engagement policy）を完全に投げ捨て、対中強硬政策に転換した。

中国は習近平氏3期目に入り、個人独裁化へまい進している。香港の民主勢力の制圧、情報言論統制、恣意的裁判と反対派弾圧、スパイ容疑を使っての外国人への威圧、習近平の神格化等、北朝鮮化への道をひた進む。

2月の米国による中国スパイ気球撃墜以降、中国は態度を硬化させ、軍事衝突危機管理のための米中対話をも拒否しはじめた。台湾海峡を航行する米国駆逐艦の目の前を中国の軍艦が横切ったり、米軍機に異常接近したりして軍事的冒険主義を強めている。ブリンケン国務長官は6月に訪中し、意思疎通のチャンネルを確立しようとしたが拒絶された。経済において中国依存度があまりにも高くなり、直ちに米中国交遮断などの事態に至れば米国経済も企業活動も、生活も成り立たないという現実が中国を増長させている。

かつて日本叩きに狂奔したアメリカは、日本ではなく中国叩きに方針を転換した。中国を兵糧攻めにし、脱中国依存のサプライチェーンを再構築しなければならない。中国・台湾・韓国に集中している半導体・ハイテク生産能力を一刻も早く安全な地域にシフトさせないことには、中国の横車を抑えることはできない。まずは中国に代わる安全な生産基地の条件を備えている日本に、生産集積を構築する必要がある。日本は半導体材料で世界シェアの56％、半導体製造装置で32％と圧倒的なシェアを今でも持っている。また半導体生産でも、キオクシア、ルネサス、ソニーなどの国産メーカーにマイクロンテクノロジー、ウェスタンデジタルなど米国企業を加えると2割近い世界シェアを持っている。加えて今後の半導体技術革新のカギとなる後工程で、日本の技術蓄積は世界的水準にあり、脱中国サプライチェーン構築において最適の条件を備えている。一度は完敗した日本のハイテク産業はいま、大きく再興に向けて走り出している。

そのためには円安の維持が不可欠であると米国が判断したことは、ほぼ間違いない。日米貿易摩擦、日本叩きの１９８０年代の後半から２０１２年にかけて日本円は通貨の実力である購買力平価をピーク時では2倍、平均でも3割ほど上回り続け、日本企業の競争力が決定的に奪われた。しかし昨年来の円安により、円は購買力平価を4割ほど下回っている。日本企業の価格競争力は劇的に高まり、世界の需要は安くなった日本に集中し始めている。この6月、日本の対米貿易黒字は依然６８０億ドルと変わっていないのに、米国が日本だけを為替監視国の対象リストから外した。他の監視対象国、中国、韓国、ドイツ、マレーシア、シンガポール、スイス、台湾の7カ国は据え置いた中でのこの措置は、あからさまな日本優遇である。円安により日本企業の賃金は国際水準に比べて著しく安くなった。それが30年ぶりの賃上げに結びついている。地政学と円安が日本経済を決定的に押し上げようとしている。「悪い円安」論は一蹴された。

もう一つの驚きは米国経済の底堅さである。一年間で累計５％の乱暴とも思える利上げにもかかわらず米国の景気は損なわれず、株価は再び騰勢を見せはじめている。コロナ禍の下での過剰金融緩和が資産バブルをもたらしたので、金融引き締めは資産バブルを崩壊させるとの悲観論者の観測は完全に間違っていた。利上げによっても潤沢な投資資金は変わらなかった。流動性は金融緩和というよりも、企業の旺盛な収益力、より正確にはキャッシュ創出力によって支えられているのである。チャットＧＰＴ等新しい産業革命が企業の稼ぐ力を大きく高め、それが配当や自社株買いとなって流動性を形づくっているのだ。これは経済学の教科書には全く載っていない新常態《ニューノーマル》であり、米国経済の堅調さと株式好調の基調となっている。

以上述べたことのすべては、本書だけが２０２２年２月に予見していたことである。読者は、何故これほどの劇的変化が起きたのか、その必然性を理解するだろう。

２０２３年６月30日

「安いニッポン」が日本を大復活させる！

目次

はじめに――重版にあたって　3

第1章　「安いニッポン」は大チャンス　17

「安いニッポン」から好循環が始まる
デフレ脱却で日本が浮上する！
「輸入品が安くなるから円高デフレはいいこと」は大間違い
経済は「放っておけばデフレになる」もの
生産性上昇がデフレ圧力になるメカニズム
デフレの真因はアメリカの日本叩きにあった
実力がないまま円高になった悲劇
仕組まれた円高による「失われた20年」
賃金相場は市場が決める
なぜエジプト王はピラミッドを造ったのか
しかし「失われた20年」が日本を強くした
日本を立ち直らせるための発想の転換

なぜ日本の経済学者はミスリードし続けるのか?
現実の理解には「日本の経済学」は邪魔!
いまこそ「貯蓄は美徳」の考えを捨てよう

第2章 ポストコロナの世界経済回復で日本が再注目される!

物価・賃金・円の「トリプル安」が日本の追い風に
デフレが内需産業と金融産業を痛めつけた
「地政学」で説明できるアメリカの日本叩き
日米半導体協定に象徴される「日本潰し」
「ただ乗り」のコストは払い終わった
円高デフレの最大の成果=「高コスト構造の是正」
第二の成果は企業のグローバル化と技術優位保持
「日本異質論」から「中国異質論」へ
デフレ脱却の決定打、マンションブームと不動産の価格革命
日本だけが膨大な潜在力を持っている

円高デフレ終焉で日本にメガ景気がやってくる
「米中対立」が円安トレンドを誘導
日本経済の風景はガラリと変わる
なぜコロナ禍が経済の長期展望を開くのか
コロナが経済発展の障害物を押し流す
メンバーシップ型からジョブ型へ
コロナで格差拡大、所得再分配、弱者救済が必至に
銀行に代わって株式市場が主役になった
世界経済の機関車が中国からアメリカに再シフトする
1ドル130円も視野に入った
これから日本を巡る空気が一変する
実は明るい日本経済のファンダメンタルズ
アメリカにとって今ほど日本が重要になったことはない
対中圧力に不可欠な日米同盟が円安を後押し

第3章

アメリカ経済スーパーパワー復活の秘密

アメリカの企業に空前の余力が生まれた
勝ち続けるアメリカの源泉は思考の柔軟性
リーマンショックはなぜ起こったか
QE(量的緩和)が信用創造に結びつく
資産価格が信用をコントロールする時代に
金融緩和の遅れが円高をもたらした
劇的な生産力向上が失業と金余りを生んだ
なぜアメリカだけがイノベーションを起こせるのか?
アメリカのみ労働人口が増加する
「第七大陸」に新しい価値創造を切り開くアメリカ
債務問題はアメリカの成長を妨げない
アメリカで進化を遂げつつある株式資本主義
時価総額ポートフォリオが将来投資を決める
テスラが時価総額トップに躍り出た意味

資本主義にとって危険なアメリカ左派の政策

第4章 米中覇権戦争で伸びるアメリカ、沈む中国 145

急変した世界の経済常識＝バイデンの大きな政府
米中対立は大きな政府を必然とする
コロナ禍が新時代を拓く
財政赤字はインフレの引き金にならないのか？
ハイテク産業競争には「大きな政府」の支援が不可欠
中国の最盛期は過ぎ、成功要因が挫折のタネに
巨大な中国国内市場は本当に無視できないのか
中国の〝投資〟はリスク先送りの上に成り立つ
膨大な不良債権が積み上がる
中国の外貨準備は借金に依存した「張り子のトラ」
外貨不安は中国最大のアキレス腱
活路は「一帯一路」の帝国主義とハイテク覇権

半導体の9割を海外に依存している中国
台湾をめぐる軍事衝突はあるか
中国経済は必ず地盤沈下する
「中国内陸部フロンティア」は夢のまた夢
中国が崩壊しても日本は心配ない

第5章　これが「強い日本経済」という近未来だ　187

負け癖が染みついた日本
企業で共有される改革の覚悟
大変身ソニーほか百花繚乱の創造的ビジネスモデル
世界最強の資本家、孫正義氏
これからの日本経済をリードする「スマボ」
サイバーとフィジカルの統合時代をリードする日本のニッチトップ企業
「遊び」と「仕事」の境界がなくなる
重厚長大の時代にはもう戻らない！

日本の自動車産業の未来はどうなる?
「人間中心のイノベーション」に邁進せよ
サービス産業の浮上が切り札になる
財政赤字なんて気にするな!
「財政がとてつもなく悪化」は極端な誇張
財政赤字は〝現代の錬金術〟でカバーできる
人余り、金余りをなくす施策はこれだ!
定年廃止で高齢人材を活用すれば人口減少は問題にならない!
機器の発展が高齢化問題を解決
ワークライフバランスの変化が社会システムを変える
日本は「覚悟を決めるとき」に来た

第1章

「安いニッポン」は大チャンス

「安いニッポン」から好循環が始まる

最近、「安いニッポン」という現状認識が、経済議論の出発点とされるようになった。諸外国と比較して異常に安くなった日本の物価の現実を丹念に調べ上げた日本経済新聞社企業報道部の中藤玲さんが中心となり、より広範な価格の実態調査を実施した功績が大きい。21世紀に入って日本の賃金はほとんど上昇していない。その結果、平均賃金の水準では、G7でイタリアと最下位を争い、最近では韓国にもほぼ並ばれた。

「ビックマック指数」という経済指標がある。グローバル商品である「ビッグマック」がどの程度の価格で提供されているかを基準に、各国の物価の水準を比較するものだ。英エコノミスト誌のデータによると、21年7月時点のビッグマック価格は日本で390円、アメリカで5・65ドル。当時の円相場は1ドル＝110円程度なので、日本のビッグマックはドル換算で3・55ドルである。アメリカ人が日本でビッグマックを購入する場合、約6割を支払うだけですむ。

こうした国内外の物価比率は「内外価格差」と呼ばれる。経済協力開発機構（OECD）

図表1-1　円実質実効レート推移

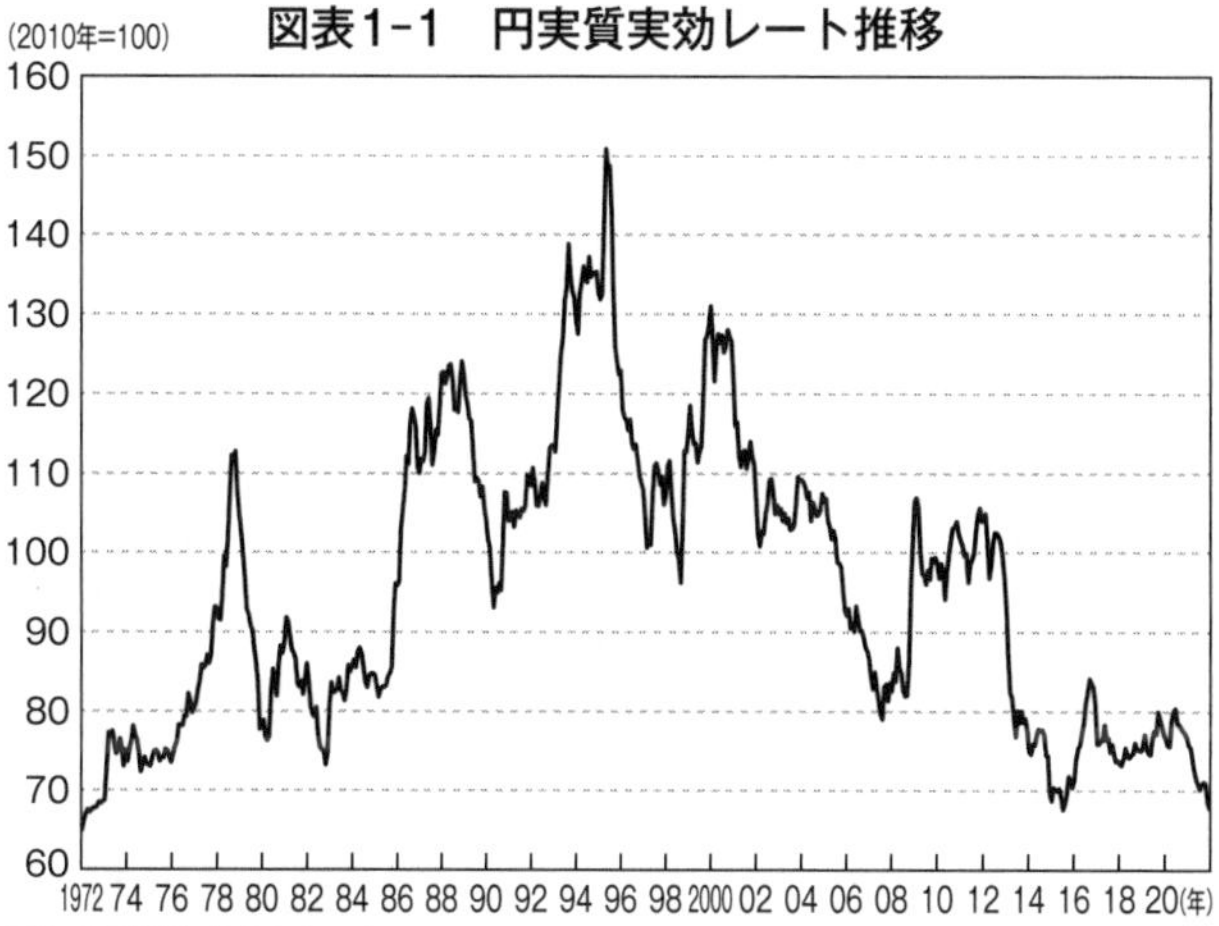

出所：日本銀行、武者リサーチ

のデータから生計費の日米価格差を推計すると、日本は１９９５年にアメリカの２・１倍だったが、15年に０・９倍に下がり、20年には１・１倍になっている。今後の円安の進展や日米の物価上昇率格差を踏まえると、日本がさらに割安になっていく可能性がある。

　円の購買力は、円の貿易相手国に対する加重平均為替レートを物価上昇率格差で調整した、実質実効為替レートで観測できる。図表１-１によってその水準を辿《たど》ると１９７０年代初頭の固定相場時70弱であったものが、円高のピークであった１９９５年に１５０まで上昇し、現在はピーク比半減以下の70弱と、50年前の水準に戻っている。

　一方、中国をはじめとする世界的な需要増

によって、ズワイガニの国際価格はこの10年で2・5倍に高騰している。これでは、賃金水準が低く消費に余裕がない日本人の口には入りにくい。『ダイヤモンド』誌は物価・賃金が低水準にある日本の実態を報告すると同時に、株価や不動産価格が〝超割安〟のバーゲン状態となっていて、外資に買い漁られているという実態も報告している。

確かに「安いニッポン」は日本の衰退の証拠である。したがって日本経済復活を望む向きからは「困ったことだ、安いニッポンを是正しなければ」という声が強い。

しかし私は、この「安いニッポン」は日本にとって絶好の環境だと考えている。各国経済の核になるのは国際的な価格競争力であるが、「安いニッポン」は日本企業の賃金や資材・サービス価格を引き下げ、製造コストの低下につながるので、企業の国際競争力を高めることになる。一方、物価の割安感が海外からの需要を呼び込む。これが必ず、日本経済の好循環をもたらす引き金になると思うからである。

しかし私のような立場は少数派。多くのエコノミストは「安いニッポン」を容認せず、「高いニッポン」に誘導するための二つの方法を提唱する。

第一は円高維持への誘導である。物価の下落分に見合って円高になれば海外からの輸入製品価格が下がり、日本の失われた国際購買力は復元できる。円高になれば、例えば国際価格が高騰したズワイガニを、再び日本人の手に取り戻すことができる、というのである。

第二の方策は強制的な賃金の引き上げである。菅政権で成長戦略会議メンバーだったデービッド・アトキンソン氏は「最低賃金の引き上げで、安価な労働力に依存した中小企業の経営モデルの転換を促す必要がある」と訴えている。安価な労働力に依存すると一向に賃金が上がらないので家計に余裕が生まれない。消費が抑えられるために、経済が低迷していくばかりだというのだ。

しかし、この二つの「安いニッポン」是正策は、経済合理性を欠くので有効ではないというのが私の主張だ。現在の日本のデフレ・賃金下落は著しい円高で競争力を失った日本企業が、賃金引き下げを余儀なくされたことから始まっている。そこでさらに円高になれば、企業は競争力維持のために一段と賃金を引き下げざるを得ない。または海外への工場移転を進めざるを得なくなる。まさに「円高デフレの蟻地獄」に陥ってしまう。

また「日本の賃金を強制的に引き上げよ」という政策は、それだけでは実現可能とは思われない。低賃金は日本企業の価格競争力の低下に起因しているのであるから、そこで強制的に賃上げを迫れば企業収益がますます悪化し、企業の賃金負担能力は一段と低下してしまうからだ。

そうではない。いまこそ発想を大転換する時である。「安いニッポン」はよいことであり、変える必要はないのだ。むしろ、ここから好循環が始まると考えたほうが、正しい結論にたどり着けるのである。以下、日本経済が大好転する道筋を示していきたいと思う。そう、日本経済はここから大きくターンオーバーするのである。

デフレ脱却で日本が浮上する!

私は、「安いニッポン」を前提にしながら、日本経済を上向かせる方策を提唱したい。いま述べたように「安いニッポン」は、企業の製造コストを圧縮させるので、対外的には強い価格競争力という側面を持つ。国内的には物価の「安さ」は需要増加の大きな武器となる。

ただ、ここで問題がある。「安さ」はデフレを伴うのだ。バブルが崩壊して以降、日本経済を苦しめてきた「失われた20年」は、これが大きな要因であった。

経済学的に見ると、デフレは供給力の過剰がもたらす。つまり「モノ余り」で、そうなると消費者は安いものしか買わなくなる。すると企業の収益が下がるので、企業は競争に勝ち抜くために給与を下げざるを得なくなる。給与が下がれば家計が苦しくなり、消費者はますます商品の購入を控えてしまうので景気が悪化し、さらに商品が売れなくなる。そこでいっそうモノの値段が下がる。すると、ますます企業収益が落ち込む。

この悪循環を「デフレ・スパイラル」と呼ぶが、その結果、経済状況の急速な悪化に陥ってしまったのが、バブル崩壊からアベノミクスまでの日本の姿であった。

それならば、デフレを終焉させるために知恵を絞ることが大事になる。後述するが、日本のデフレの原因は「円高」にあったのだから、まずはあらゆる手段を講じて、これを終焉させることである。幸い、世界の経済環境激変と、米中激突の構図によって、円高は終息に向かう気配が高まっている。

また日本企業も、いたずらにデフレに甘んじていたわけではなく、「安いニッポン」を武器に力を蓄えてきた。一方で、デフレ下で生き残るべく経営努力を積み重ね、さまざまなノウハウを蓄積してきた。今度はそのノウハウを結集して、新たな時代に大きく成長できる企業像を確立していけばよいのである。そうすれば日本大復活の展望が開けてくる。

円高の終息に伴って円安基調になれば、海外市場での日本製品の価格が安くなり、その分製品の競争力が高まる。また現地の販売価格を据え置けば、円建てでは値上げしたこととなり、企業収益がアップする。価格競争力の向上と企業収益向上の結果、賃金が引き上げられ、国際賃金との格差が是正されると同時に、優良な労働力の確保という果実をもたらす。こうした形でもたらされる脱デフレ↓インフレから始まる好循環が、日本経済再浮上のバネとして働いてくる。

「輸入品が安くなるから円高デフレはいいこと」は大間違い

1990年代のバブル崩壊からアベノミクスがスタートした2012年代までの「失われた20年」、日本の長期低落は「高いニッポン」が出発点だった。90年代初めまで、不動産バブルで土地・住宅価格が高騰し、労働者の賃金も物価も世界で一番高かった。この「高いニッポン」が円高でさらに高くなり、日本の価格競争力を劇的に低下させたのだ。

競争力を失って収益を悪化させた企業は賃金を抑制せざるを得ず、その結果、消費が低迷して、長期にわたるデフレを引き起こした。一方、円高が輸入物価を押し下げた。またバブル潰しを狙った金融引き締めが資産価格の下落を招いた。このように「高いニッポン」と円高が、日本凋落の起点になったのである。

貯蓄行動にも変化が現れた。デフレ下では放っておいても物価が下がるのだから、相対的に現金の価値がどんどん上がる。したがって、個人としては銀行にお金を預けたり、投資をせずに、現金を保有して寝かせていることが〝賢い〟生活態度となってしまう。特に日本では、老後不安が大きいので、余計に現金を一所懸命貯め込もうとする傾向が強い。

でもこれは金融や資本主義の否定につながる。経済の血液である資本の流れを止めてしまうのであるから、自分たちが生きている経済社会全体を殺すことになってしまう。実は20世紀初頭の大恐慌も、１９８９年の日本のバブル崩壊も、すべてここから出発している。バブル以降の「失われた20年」も、市場の信用が収縮した結果、極端に現金選好の気持ちが強まり、それを放置したおかげで、日本はいまのような状態に陥ってしまったのである。

一部の人は、「円高デフレは輸入品が安くなるからいいことだ」などと語る。しかし、資本主義とは、お金が回って初めて成り立つものなのである。金の流通を滞らせるというモチベーションが生まれてしまうと、経済はたちまちおかしくなってしまう。まずは、デフレのほうがインフレよりはるかに危険だという意識を持つことが大事である。

経済は「放っておけばデフレになる」もの

日本のデフレを招いた最大の原因は賃金の抑制だが、それ以外の理由もある。まず経済というものは、放っておくと自然にデフレになる性質を持っているという、その原則を確認することが重要である。

社会が発展すれば技術も向上していくのが普通で、生産性が上がる。すると供給できる量が増えるので、ものの値段が安くなる。つまり、いままでと同じ時間働いて、より多くのものが生産できるようになる。その分、需要が大幅にアップすればよいのだが、同じ程度にとどまったら価格は低下していくというのが、経済学の大原則である。

たとえば、需要が変わらず生産性だけが2倍になったとすれば、企業は労働者に以前と同じように働いてもらう必要はなくなる。以前が200日だったとすれば、これからは100日働いてもらうだけで十分。残りの100日分の賃金を支払う必要がないから、企業収益が増える。そしてその分、製品価格を引き下げることができる。こうして価格を引き下げないと企業は競争に勝ち抜くことができないからである。一方労働者は余るから賃金

ているのだ。

これは単に日本国内だけの問題ではない。実は世界経済は「需要不足のリスク」に直面しているといっても過言ではない。グローバリゼーションとDX革命（デジタル・トランスフォーメーション＝デジタル技術を進化させることで生活を変革させていくという考え方）によって世界は空前の生産性上昇の時代に入り、供給力増加に弾みがついている。中国・インドなどの農民が近代工場労働者になり、飛躍的な生産性革命が進行している。

そのスピードは18〜19世紀の産業革命とは比較にならないほどである。産業革命時代の工場は、せいぜい蒸気機関程度の装備であったが、今日では電力、半導体などを駆使し、数百倍の能力の機械装備を備えている。空前の技術革新に加えて、全世界で数十億人という壮大な人口の新興国が、驚くほどの速度で生産性を引き上げているわけだ。

では、デフレにストップをかけるにはどうしたらよいのか。それは、この著しい供給力の増大に対応した新たな需要をいかに生み出すか、にかかっている。望ましいのは生活水準が飛躍的に向上し、消費意欲が活発になって需要が喚起されることである。でなれば過剰生産のために全世界が壊滅的な大不況に陥る。

生産性が2倍になったら、生活水準を2倍に引き上げて需要を喚起する方策を取るのだ。仮に昨年は、年間に100日働いて100万円の給与を得て100万円の生活をしたとしたら、今年は同じだけ働いても生産物が2倍になるので、200万円の賃金を得て、200万の生活をするようにしないとバランスが取れないのである。

生産性上昇がデフレ圧力になるメカニズム

いまから200年前の西暦1800年には、アメリカの総人口に占める農業人口は74%だった。それが2000年にはたった2%にまで減少している。わかりやすく言えば200年前は74人が農業生産に従事して100人分の食料を供給していたのだが、いまはたった2人ですむ。1人で1・35人分から、いまは50人分つくれるまで農業生産性が上昇したということである。

とすると、それまで農業に従事していた72人は失業ということになる。では彼らはどこに行ったのか？　農業以外の新しい仕事に就いたのである。

それがどんな仕事か。現在の私たちの職業を見ればよくわかる。今日の職業の大半は、

２００年前に存在しなかったものである。それは「人間の欲求を充足する手段としての産業」、言い換えれば人々の生活を豊かにする新しい産業が生まれた。高度大量消費を可能にするさまざまな工業製品、それを支える石油、電力などのエネルギー関連、増加した所得を処理する金融業、外食、レジャー、スポーツ、エンターテインメント、旅行、ファッション、近代教育、近代医療などの分野で、新しい雇用が生まれた。

経済は、こうした新しいよろこび、欲求の充足のパターンを開発して発展してきた。それを開発できなかったら、失業者が溢れ、経済は崩壊してしまう。しかし、新しく社会的な付加価値を生むビジネスが開発されたことで、余剰人員や余剰資本がスムーズに吸収されてきたのである。つまり生産性は自動的に上昇していくので、少ない人間で生産が可能になると、その結果、新たな需要創造が不可欠になるということである。

経済はこのようにして発展していくものである。つまり、機械化が起こって生産性が上昇すると、古い産業のＧＤＰに対する割合は縮小していくということだ。少人数で最低限の「食」を満たせるから、古い産業では人余りになる。余った人が新しい欲求を充足する産業に就き、その結果、みんながより望ましい、豊かな生活水準の向上を楽しみ、なおかつ、みんなが雇用される、こういう好循環が資本主義の成し遂げた市民社会の土台にあったのだ。

この歴史的事実を認識しない人々は「贅沢はいけない」などと叫ぶが、技術はどんどん発展していくので、贅沢をしなかったら失業者が増えるだけである。だから「消費は美徳」なのだ。この極めて単純明快な事実をきちんと説明する向きは少ない。

特に日本はバブル崩壊以降、一時的な金融不良債権の問題などが噴出したため、「消費は美徳」という、経済にとって最も重要な概念を忘れて、経済学者もマスコミも、やれ緊縮財政だ、節約だと縮こまってしまった。「消費は美徳」というまっとうな考えに立つ海外のエコノミストが、「日本は貯蓄も充分にあってなんの問題もないはずなのに、なぜ自ら需要をおとしめるのだ……」と、奇妙な視線や大きな疑問を向けるのは無理もない。

デフレの真因はアメリカの日本叩きにあった

日本の場合、こうした経済学の原則に外れた政策のほか、「アメリカの日本叩き」があり、これが円高を引き起こし、デフレの長期化をもたらした。

1990年、旧ソ連を筆頭に東側諸国が崩壊し、東西冷戦は終結を迎えた。この世界経済環境の大変化で、アメリカは日本に対する方針を転換した。それまで、アメリカは日本の産業競争力に脅威を感じていたが、東西冷戦という構造下では〝不沈空母〟の存在である日本を無視できなかった。

しかし冷戦の終結によって日本の存在価値が薄まり、アメリカは日本の産業競争力を弱めるために超円高状態に誘導し、ドルベースで見ると日本人の給料が国際水準から2倍以上に値上がりするという状態を引き起こした。その結果、企業は競争力を維持するため人件費を圧縮せざるを得ず、この円高対応の賃金引き下げから、日本の物価下落が本格的に始まった。これが日本のデフレの出発点である。この詳細は次の章で詳しく解説することにしよう。

日本企業は欧米の企業の様に露骨な馘首はしなかった。とは言え、ただちには給料を下げられないため、残業カットや、正規職員を非正規に転換する、あるいは「リストラ」という名の早期退職勧告等、あらゆる手段で賃金圧縮に奔走する。そして、働く者の賃金が下がれば、当然、購買力は落ちる。すると売値も下げざるを得なくなる。つまり、円高、賃金下落から始まった悪循環が、長らく日本に定着しているということができる。

実力がないまま円高になった悲劇

1980年代半ばから1990年代におきた円高に関しては、二つの特異性がある。その第一は内外価格差が極端に拡大し、定着したことである。図表1-2の「日本円の購買力平価と市場レート」を見ていただきたい。1970年以降の主要国の内外価格差倍率推移を見ると、円以外の通貨の市場レートは、内外価格差ゼロを軸に変動してきた。長期的には各国通貨は購買力平価（PPP：ある国の通貨建ての資金の購買力が、他の国でも等しい水準となるように、為替レートが決定されるという考え方）に収斂して推移してきたのである。しかし当時の円だけは、市場レートが購買力平価から極端に乖離し続け、異常な高値を記録したのである。

土地バブルと円高の相乗効果で、皇居の地価がカリフォルニア州と同等などという信じがたい現象が起こるほど、日本の通貨は対外的に極端に強くなった。株価も高く、90年の世界時価総額トップ10の半分以上が日本の大手都市銀行で占められていた。

しかし国内では円の購買力が著しく低く、つまり物価が高く、東京は世界一の高物価都

図表1-2 日本円の購買力平価と市場レート、内外価格差倍率

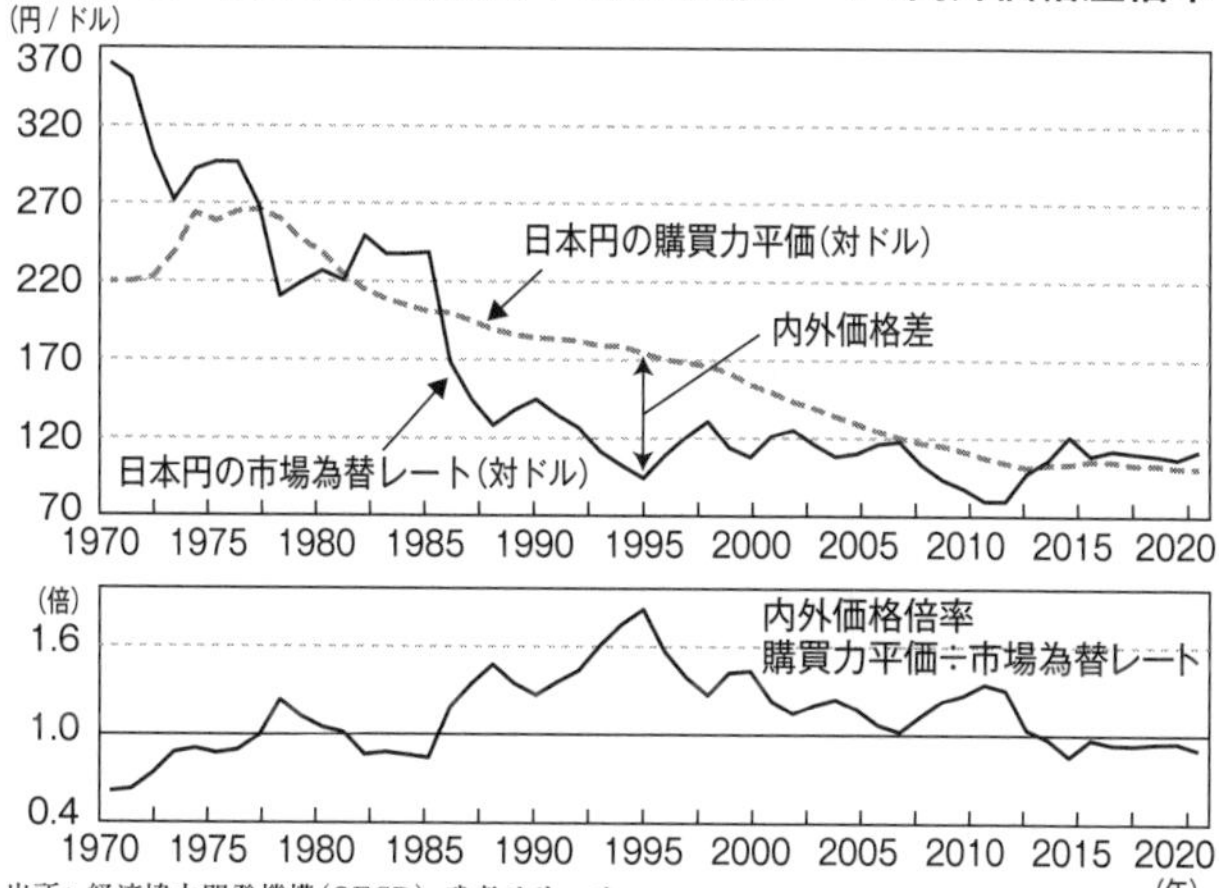

出所：経済協力開発機構(OECD)、武者リサーチ

日本円の対ドル為替レートは85年くらいから上昇し続け(つまり円高)、95年には購買力平価(ある国で購入する財・サービスの価格が別の国で購入する場合にいくらの金額になるかの比率：これを対ドル換算したものが「一人当たり購買力平価GDP」)から極端に乖離し続け、1・6倍もの大きな内外価格差(下の図：購買力平価を市場為替レートで割った数値)が生まれた。つまり円高によって急速に日本の経済力が低下したことがわかる。

市、世界一暮らしにくい町になった。

当時「異常な日本の物価高と内外価格差の拡大」は日本経済の最大の問題点と意識されていた。その分析を求められた私は国会において参考人として、「国内の高コスト構造と円高が原因である」と説明した。

しかし、そこから坂道を転がり落ちるような物価・資産価格の下落が起き、同時に日本経済の急激な衰弱が始まった。価格競争に負け、韓国、中国、台湾に、日本の宝のような産業を持って行かれてしまった。企業は利益を出せず、仕方なく賃金をカットする。日本の給料は世界最高水準、日本の土地は世界最高値だというのはまったくのぬか喜びで、それが今日に至る経済敗戦の出発点だったのである。

二点目の円高の異常性は、日本の所得との関連である。一般的に内外価格差は所得水準（＝生産性水準）の高い国ほど高くなるという傾向があるが、日本は所得水準が先進国の中ではさほど高くないのに、内外価格差だけが突出して高かったということである。つまり円高になる実力が備わっていないのに円高になった、と言える。

国際経済学上の有力な仮説として、「国際貿易においては一物一価の原則が貫徹しており、生産性が高い先進国ほど物価高となり、内外価格差は拡大する」という「バラッサ・サムエルソンの仮説」がある。

バラッサ・サムエルソンの仮説は、世界の賃金は一物一価であり、労働生産性が同一の二か国の労働賃金は同一になるという原則から出発する。ただし、それは相互に国際市場で競争をしている貿易財（主に製造業）に対してのみあてはまることである。それでは国際市場で競争をしていないサービス業など各国の内需産業の賃金はどう決まるのかと言うと、その国の貿易財産業で形成された国内賃金相場にサヤ寄せ（近づく）されて決まる。

つまり貿易財産業においてA国の生産性がB国の2倍であれば、A国の貿易財産業賃金は、

B国の貿易財産業の2倍になる。その結果A国のサービス産業の賃金もB国のサービス産業賃金の2倍になる、と言うことが起きる。A国、B国のサービス産業賃金は生産性に関係なく決まるということである。概してサービス産業、例えば床屋さんの生産性は、先進国でも新興国でもあまり違いがない。しかし先進国の床屋さんの賃金は新興国の10倍にも相当する、ということが起きる。つまり生産性あたりの賃金価格差が、サービス産業において特に大きく開いているのである。

これにしたがえば、内外価格差は所得水準（イコール生産性水準）の高い国ほど高くなるはずなのだ。しかし日本の所得水準は先進国の中でさほど高くないのに、内外価格差だけが突出して高かった。円高になる実力が備わっていないのに円高になった、ということである。

「これは異常だ」というのが私の持論だが、ではなぜ購買力平価から著しく乖離した円高が続いたのだろうか。それは一時日本の産業競争力が強すぎ、貿易黒字がとめどなく増加し続けたからである。図表1-3は各国の経常収支世界GDP比であるが、1990年代前半において、日本が唯一最大の黒字国であり、アメリカがほぼ唯一最大の赤字国であっ

図表1-3　主要国経常収支対世界GDP比

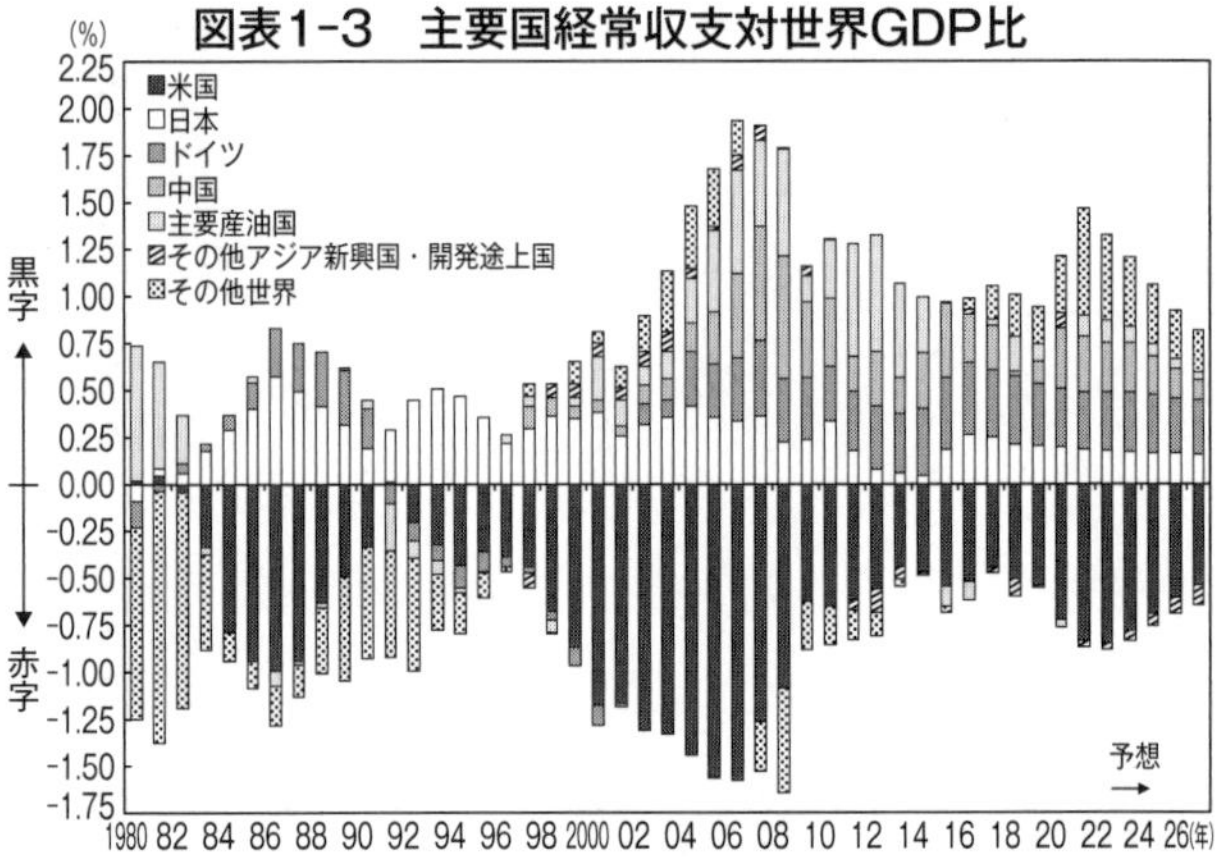

注：主要石油輸出国はアルジェリア、アゼルバイジャン、バーレーン、バーレーン、イラン、イラク、カザフスタン、クウェート、リビア、オマーン、カタール、サウジアラビア、シリア、トルクメニスタン、UAEを含む
出所：IMF、武者リサーチ

た。そして国際的不均衡とは赤字拡大を続けるアメリカと、大幅黒字の日本という２国の問題に尽きる、と言えた。１９９０年当時、日本が強烈な競争力を発揮した一因には、戦後、日本経済がアメリカの寛大な技術供与、市場開放などに対する「ただ乗り」（フリーランチ）という側面があった。法外な円高は、日本のそれまでのフリーランチに対する対価でもあったと考えられる。

また１９７０年代、日本円は安すぎて、日本企業の競争力を異例の水準にまで強めてしまった。この反動でアメリカが仕掛けたのが超円高誘導なのである。しかし、円高にならずに日本の破壊的競争力が放置されていたら、アメリカの産業基盤は大きく損なわれていたに違いない。経済困難に陥ったアメリカで日本批判、自由貿易批判の声が高まり、極端な保護主義や貿易戦争が勃発した。つまり、超円高は、日本が過去に享受した「ただ乗りコスト」のペナルティー、「つけの後払い」という側面があったと理解してよいと思う。

１９９０年代はじめ、当時の購買力平価は1ドル１９０円程度であったのに、円レートは１００円前後まで上昇したので、内外価格差は2倍近くまで拡大した。その結果、日本企業は海外の2倍の高コストを背負わされ、徹底したコスト削減と合理化・生産性の向上を迫られた。

この異例の価格差は、普通なら円安によって解消されるはずなのに、日本の場合には円安転換が起こらなかった。それがこの20年余り、日本に作用し続けた強烈なデフレ圧力だったのである。

仕組まれた円高による「失われた20年」

ただし、アメリカの日本叩きによる超円高誘導のほかに、日本企業の高コスト構造が価格競争力を失わせデフレを招いたということもいえる。

当時の日本の物価は世界一、不動産も高騰していたので人々の生活水準は向上しなかった。円高で日本人の給与水準が世界一になったが、その背景には、日本経済のコストが高かったということがある。

それまで「多段階問屋制度」に代表されるように日本の流通網は何重にもバリアが張り巡らされ、企業でも直接生産部門より間接部門が肥大化していた。日本企業には本質的に高コスト構造があり、特に流通コスト、販売管理費などの間接負担が他国に比べて著しく大きかった。また、厳しい規制や効率無視の企業慣習が横行し、それが公共料金の高さにつながった。こうした結果、日本は高コスト構造の国になってしまった。

そして、ただでさえ高コストの日本が、円高によって、ドルベースの人件費が著しく高くなり、これが企業負担を増大させた。

たとえアメリカの日本叩きがなかったとしても、当時の日本には自ずから競争力を失う高コスト構造という事情があった。そういう形で競争力を失った日本企業が向かう先は合理化、あるいは賃金の引き下げ。これもうひとつのデフレの原因であった。

賃金相場は市場が決める

　では、なぜ現在、日本の賃金相場は低いままなのだろうか？　それは、賃金は神様が与えてくれるものではなく、市場で決まってくるものだからである。

　賃金は生産性向上の見合いにおいて、市場が決める。著しい円高になったことによって日本に猛烈な賃金引き下げ圧力が働いた。先ほど述べたように、輸出企業は円が2倍になれば従業員の給料を半減させないと競争できないので賃下げをする。この結果、日本のデフレが始まったというわけである。

　すると、それが社会全体に影響していく。国際的な競争の基準は生産性であって、同じ生産性だったら同じ賃金に収まるように決まる。しかし、たとえば床屋さんのようなサービス業の場合は、生産性にそれほど大きな差が生じているとは思えない。だがこの賃金も、実は輸出産業に影響された「地相場」で決まるのだ。

　だから、たとえば日本の輸出企業の生産性がインドネシア企業の10倍だとしたら、日本企業の社員はインドネシア企業の社員の10倍の給料をもらうことになる。すると日本の床屋さんの給料もインドネシアの床屋さんの10倍になる。日本の社員は給料が10倍だから、10倍の理髪料が払える。つまり国際的な地相場を国際市場で活躍するリーディングインダストリーが決めて、それがまわりに波及していくという構図になっている。

その結果何が起こるかというと、円高が進行すれば、日本企業の給料が国際水準より高くなると同時に、床屋さんの料金も国際水準と比べて高くなる。昔は日本の床屋はとても高かった。アメリカから日本に戻ると「高いなあ」と感じたものである。

しかし、国内の賃金が下がってくれれば、床屋さんの料金もまた下がるようになる。加えて、円安になれば、日本人の賃金は国際水準からもっと下がっていく。

このように、輸出産業で賃金水準の地相場が決められ、サービス産業はそれに引きずられて決まるので日本のサービス産業の賃金は生産性に関係なく決まってしまう、ということが起きている。

図表1-4を見ていただきたい。日本とアメリカのCPI（消費者物価指数：消費者が購入するモノやサービスなどの物価の推移）である。アメリカはインフレが続いていて日本はデフレ。だからアメリカは上昇を続けているのに日本は横ばいのままである。

しかし個別産業ごとに見ると、たとえば衣料分野は日米ともに下落傾向にある。その理

図表1-4　日本vs.米国のCPI(消費者物価指数)

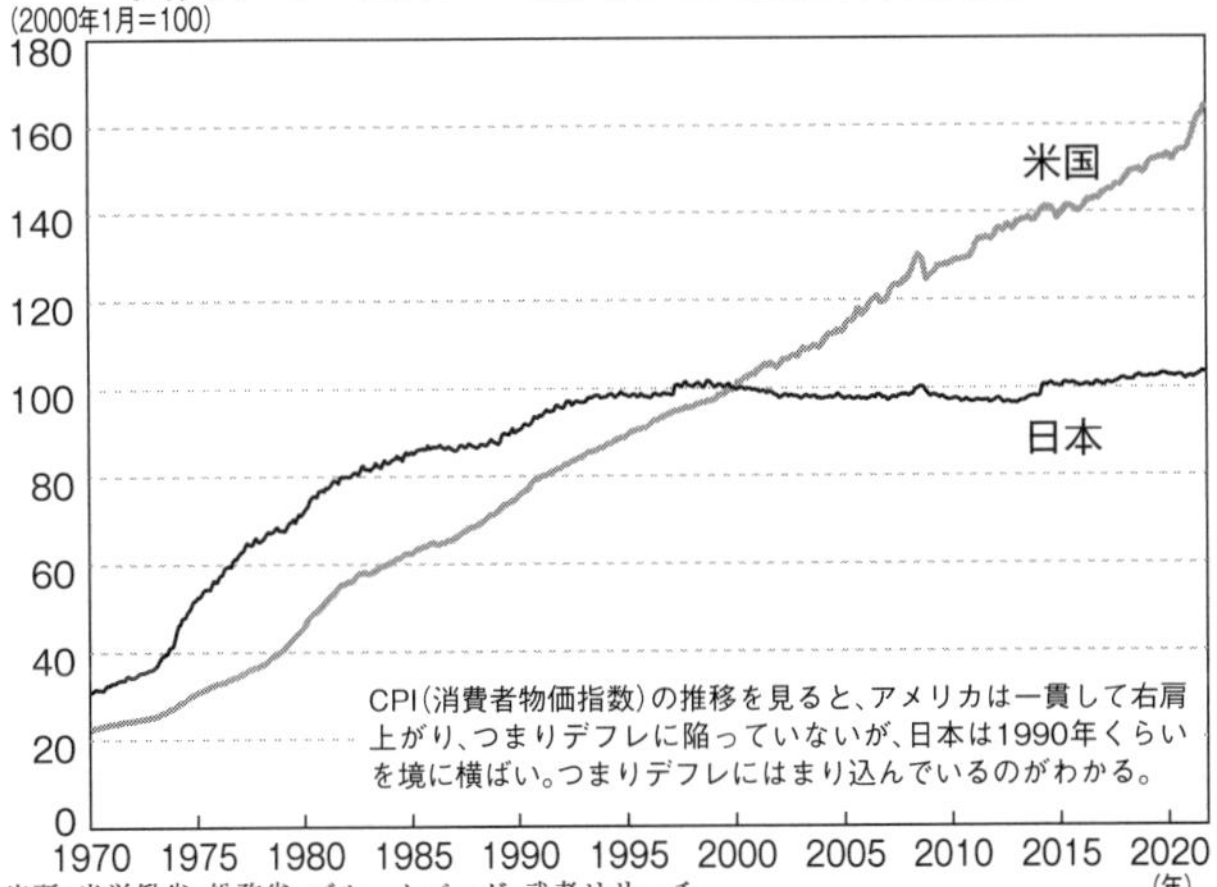

出所:米労働省、総務省、ブルームバーグ、武者リサーチ

由はアメリカも日本のメーカーも生産は中国だからで、中国でつくっている限りコストは同じになる。自動車や通信も差がないのだが、技術が発展して同じように値段が下がっているからだ。

日米で大きな価格差があるのは食料品、輸送、住宅、医療、教育、娯楽など、すべてサービス産業である。その理由はいま述べた通りだ。日本のサービス価格は世界でもとても安い。日本における物価の安さは、特に内需型のサービス産業において著しい。ラーメン一杯東京800円、ニューヨーク2500円という価格差がある。それは日本のサービス産業の生産性が劣っているからではなく、賃金の地相場が低いからである。

なぜエジプト王はピラミッドを造ったのか

先ほど「経済というのは、自然にまかせるとデフレに陥る傾向が強い」と述べたが、それを防ぐ方策は「需要創造を促進する」ことに尽きる。具体的な方法はふたつしかない。

まずは「人間の欲求を高めて、お金があったら使う」という状態にすること。たとえばいままで給料が100万円だったけれど、生産性が2倍になったから200万円受け取れるということになったら、人々の欲望は、余分にもらった100万円をどう使うかに向かう。そこで美味しいレストラン、旅行、娯楽などに向かうと消費が喚起される。

つまり、人々の生活水準の向上に向かってじわじわと欲望の高まりを誘導し、余った貯蓄と余った労働力を活用すること。それには新しい産業をつくって、そこに人と金をシフトすればいいわけである。

しかし、お金を溜め込んで消費しないこともある。人々が向かいたいと思う欲望が充分に喚起されないからだ。そんな状態のときには、政府が積極的に人と金を使って需要をつくる必要がある。この政府による需要創造の役割は歴史的にも極めて大事だった。極端な例は戦争だが、たとえば、エジプトのピラミッドがなぜ建造されたのか。「王の権力志向の象徴」とよく語られるが、それだけではない。あれだけの労力を使って建設し続けられたのは、そこに理にかなった経済的原因があるからだ。

エジプトだけでなく、日本でも巨大な墳墓が造営された。その時代に劇的な生産性の上昇が起こったと推測できる。それは急激な農耕文明の発達によって、それまで採集生活だった人間が急激に生産性を高めたからである。すると人も余り、お金も余る。

先ほど、生産性が2倍になったら、労働者に払う給料は半分でいいと述べたが、技術の発展によって生産性が高まれば、人と金が余るというのが人類の歴史である。この余った金と人を有効に使うことで、経済は回っていくのである。

つまり経済を円滑に回すために、権力者は金と人を費消する方法も時には考えなければいけない。これがピラミッドや巨大な墳墓であったり、あるいは侵略戦争や、大恐慌後にアメリカがとったニューディール政策なのだ。

しかし「失われた20年」が日本を強くした

実は「失われた20年」は、決して無意味な停滞ではなかったと私は考えている。これが改革のモチベーションの源泉となり、今後の日本の成長を可能にする条件を形成したので、むしろ「日本を鍛えた20年」だと考えている。確かに「試練の20年」だったが、日本企業は試練に向き合い、大きな成果を獲得したと考えてよいだろう。

第一は、効率化、リストラ、賃金抑制などにより、労働生産性を上げて高い人件費を吸収するとともに、流通改革を断行し、空前のコスト引き下げを実現したこと。また規制緩和と競争促進で、公共料金も含めた市場価格を引き下げた。

第二は、企業のグローバル化、世界市民化である。円高によるコスト高を生産の海外シフトで回避した。これによって企業の海外部門の利益が増大した。この二つで必死の努力を続けてきたからこそ、日本は「失われた20年」を乗り越えて回復してきたのだといえる。

そしてこれから円高デフレが終焉すると、日本が艱難辛苦《かんなんしんく》して獲得してきたこれらの要素が花を開かせる。現在は1ドル115円台のレートになり、企業収益は劇的な回復を見せている。

過去30年間、日本の購買力平価は1ドル２００円からほぼ1ドル１００円近辺へと上昇したが、これは、日本が世界で最もコストを引き下げてきたということを意味している。実際、過去30年間の単位労働コストでは、日本の低下ぶりは突出している。これは今後の日本企業の競争力を大きく支える要因になっている。

また円高に対応して、以前は極めて内向きであった日本企業が、ダイナミックに国際化した。加えて困難な時期にあっても、日本企業の技術優位性は特にハイテク素材、部品、装置などのブラックボックス化された部分で十分に温存されている。こうした成果は、円高が終焉し、購買力平価を越える円安が定着すれば、企業収益の大幅な向上が持続する。円／ドルレートを見ると、アメリカ景況感の回復とゼロ金利解除により円安局面に転換していく場面にある。それは必ず円安↓デフレの終焉↓日本経済の高成長率の復活という好循環の嚆矢《こうし》となるはずである。

日本を立ち直らせるための発想の転換

ここまで述べてきたことで、日本が立ち直るのに必要なのはデフレの克服だということはご理解いただけたと思う。

ただデフレ脱却には、人々がまず発想を変えることが大事になる。つまり「悪い要因」だけをあげつらって、不安を煽る風潮をやめることだ。

確かに、いまの日本経済には一見悪材料が山積している。しかし、その原因がどこにあるのかを分析し、過去に原因があったのか、いまは悪いけど将来はよくなる要素があるのか……その考え方一つで、評価が変わってくる。その見極めが必要なのである。

現在の日本が低迷しているのは、過去のバブル期に〝悪い現実〟の種がまかれたからだ。いまが悪いということは否定しないが、だからといって将来を悲観することはない。あるいは現在の指導者や体制を批判する必要もないのだ。

では将来をつくるいちばん必要な要素はなんだろうか。企業が価値を創造することにつきる。経済というものは、企業が価値を生み出して初めて人を雇い、給料を払い、人々の生活を支えていくことで成り立つ。したがって、いかに企業における価値創造を高めていくか……その観点に立って、いま現実にあるさまざまな材料を吟味することから始めるべきである。すると一見悪いことに見えても、実はいいことがたくさんあることに気づくはずだ。

繰り返しになるが、「安いニッポン」は悪いことではなく、いまの日本の最大の長所なのだ。円安は企業のコストが安いことにつながるので、それが今後の企業競争力強化に役立つ。すると企業の価値創造が豊かになり、日本経済全体が好循環になっていく。

賃金が引き上げられる。すると優良な労働力が確保され、経済が活性化される。そして企業は、これまで溜め込んできたパワーを一挙に噴出させることができる。こんな、円安で起きる好循環のメカニズムを、人々がしっかり理解することが、日本経済を再浮上させるカギになる。それを肝に銘じてほしいのである。

なぜ日本の経済学者はミスリードし続けるのか？

マスコミに登場する多くのエコノミストは「安いニッポン」を問題視し、円安批判を繰り返し唱えている。しかし、それらの議論は因果関連と同義反復（トートロジー）を混同しているものだ。確かに「安いニッポン」も円安も日本経済凋落の結果であり、それ自体は望ましくないことかもしれない。元大蔵官僚の経済学者である野口悠紀雄氏は「円安が望ましいとの考えは誤り、円安は日本の労働力を安売りすること、消費者の立場でみれば購買力を低める。日本の産業の付加価値を高めようという意思をくじくし、優秀な外国人を呼べなくなる」（週刊エコノミスト）と主張している。しかし、それは円安という現実の反復説明でしかない。

「成長できない現実を受け入れなさい」と主張しているエコノミストも多い。そのアドバイスを受けてだろうか、前立憲民主党党首の枝野幸夫氏は大震災の直後の2012年、『叩かれても言わねばならないこと。』（東洋経済新報社）という本を書いた。

「志の高い政治家たるものは、たとえ有権者が聞きたくないということでも真実を伝えるのが役割だ」というのがその趣旨で、「いい話ではないが、成長をあきらめなさいとあえていう」と記している。つまり「成長を追求するのではなく、分配が大事なのだ」という主張なのだが、「これは明らかに世界の非常識」である。

なぜなら、成長するのが当たり前の世界で、空前の技術革新が起こり、スマートフォンを筆頭に新しい技術が人々の生活をどんどん変えていく状況のもとで、「成長しない現実」を人々に受け入れさせようとするからだ。それがあたかも美徳であり、倫理的であるような主張をするなどは、まったく理屈に合わない。

確かに、バブル崩壊以降は、「成長しなくてもいいのだ」という清貧の思想が一世を風靡した。しかし、一見ストイックな、人々の感情に訴えるこの思想は、経済的見地から見れば誤りだったのは明らかである。いま起きている悪い現実をそのまま受け入れて、「変わらなくていい、変わる必要はない」といわんばかりの議論は経済的合理性がなく、世界の潮流からもかけ離れている。こんな、ひとりよがりな悲観論がまかり通っているのが、現在の日本の病気なのである。

この間のコロナ禍でも、日本とアメリカの健康被害をコロナ感染者と死者の人口に対する割合で見ると、いまから半年ほど前の時点で、日本はアメリカの15分の1と著しく軽微であった。ところが経済被害は、コロナ禍直前（2019年）と直近（2021年）のGDP比で見ると、日本はマイナス3・0％、アメリカはプラス1・9％と相反する結果になっている。G7で比較しても、日本は健康被害が突出して低いのに、経済の落ち込みは突出して大きくなっている。この驚くべき差はどこから出てくるのか。一言でいうと日本人の心理的な要因以外に考えられないと、日銀出身の経済学者である東京大学教授の渡辺努氏は語っている。日本人特有の心理が、経済パフォーマンスを著しく阻害している、と言わざるを得ない。とにかくマイナス思考なのだ。経済被害がどれほど大きくてもゼロコロナが大事だという、経済のバランスを欠いたものの考え方。これが日本の人々の経済心理にマイナスに作用して、ことさらに経済的ダメージを大きくしてしまう。さすがに最近はゼロコロナとは言わなくなったが。

現実の理解には「日本の経済学」は邪魔！

なぜ人々は、こうした現実を直視しないのか。最大の間違いは、多くのオピニオンリーダーやメディアが過去の経済を土台にした経済学の教科書を表面的にしか理解していないからである。教科書的知識だけでは日本が辿ってきた戦後昭和の繁栄と、平成の極端な停滞、あるいは現在進行している空前の技術革新の意義を解くことはできない。必要なことは事実に基づいた歴史分析である。まず経済学の教科書からこぼれ落ちている膨大なファクツを把握し、なぜそうなったのか、原因は何かと言う因果関連分析を行う。さらにその因果関係を突き動かしているより大きな力、法則を推測して、日本の現実にあった全体像を構築する。それはあくまでも仮説であるが、その仮説を様々なファクツで検証し、より整合的なものに作り替えていく。新たに起きる事柄はその仮説検証の格好の素材なのである。

現実と抽象（一般論、法則）、帰納法と演繹法、上向法と下向法のフィードバックを繰り返すことで、より正確な仮説が構築でき、将来予測をより確かなものにすることができる。

こうした方法論は、経済学者というより実際の企業経営者が日々の決断をするうえで、日常的に行っていることである。優れた経営者は理論は深く学んでいなくても、地道に現場の状況をウォッチし、現実を深く認識し問題の解決法を考えている。

教科書の限界を認識して、アメリカの経済学者はどんどん認識を改め、モデルを変えていく。ところが日本の経済学者には「訓詁学《くんこがく》」というか、昔に書かれた経済学の字句ばかりを解釈する人たちが多い。したがって「教科書に載っていない現実のほうがおかしいのだ」と言わんばかりの議論をする。そこのところが、日本の経済回復が大きく遅れた原因の一つだと思う。そんな日本の経済学者のアドバイスを受けて政策を打ち出すので、時としてバックミラーを見ながら運転するような政策が打ち出されるのである。

いまこそ「貯蓄は美徳」の考えを捨てよう

そもそも「消費こそ美徳」なのである。消費をして余っているお金と人を使わないと、経済が崩壊する。それなのに日本では「消費は美徳」と叫べないだけでなく、お金持ちもお金があるということを隠してしまう風潮が蔓延した。極めて日本的な、一種独特の世知辛いメンタリティが定着し、どんどん自己増殖していったのは、とても残念なことだ。

「消費は美徳」という資本主義の本質に反して、1990年以降の日本は、まったく逆の政策をとった。「貯蓄が美徳、倹約が美徳」がそれである。日本人の間で江戸時代に困窮に喘《あえ》ぐ米沢藩の財政を立て直した藩主・上杉鷹山《ようざん》の質素倹約ぶりを名君と称える風潮が強まった。しかし、質素倹約では経済は発展するどころか、収縮していくばかりである。

だから1990年以降の日本経済は、本来ハマるはずのない円高デフレにハマってしまった。その悪循環の中で、悪しきメンタリティが国民に定着してしまったのだ。日本の長期停滞は間違った悲観論が引き起こした政策の誤り、日本人のオウンゴールと言う側面が強いのだ。

「成長する必要なんてない」「慎ましやかに生きることが美しい人生だ」という思想が、実はどれほど罪深いか。この思想では日本は永遠に浮上できないだろう。

第2章

ポストコロナの世界経済回復で日本が再注目される！

物価・賃金・円の「トリプル安」が日本の追い風に

「日本のデフレの真犯人は日銀だ」という説は強い。「日銀によるバブルつぶし政策がデフレの引き金を引いた」というのである。これは事実である。しかし、その後のゼロ金利までの利下げ、量的緩和なども実施されていることを考えると、日銀の金融政策にだけデフレの全責任を押しつけるのは無理がある。やはり最大の犯人は地政学を背景にした円高なのだと思う。

しかしいま、物価安・賃金安・円安という「トリプル安」で、日本企業の価格競争力は過去30年間で初めて上向いている。「安いニッポン」で低コストを味方にした日本企業は、今後の収益向上が大いに期待できるはずだ。海外生産を展開している企業には、海外法人利益の円換算額の増価という形で現れる。すでに日本の企業収益は2021年の第二四半期以降、過去最高水準を回復した。今後、企業の支払い能力の向上と技術労働者の需給逼迫、つまり求人（需要）があるのに応募（供給）が少ないという要因から、賃金は必ず上昇に転じるはずである。

国際競争力向上はグローバル製造業と、数年後に急拡大が予想される観光関連国内産業で顕著になると私は考えている。

つまり「安いニッポン」が日本経済復活の起動力になるのだ。先ほど、ズワイガニが価格高騰で日本人の口に入らなくなったと述べたが、企業の国際競争力が回復すれば、やがて給与が増えて日本人の失われた国際購買力も回復する。ズワイガニを再び日本人が口にできる日はそう遠くないはずである。いま大切なことは円安を進めるために、超金融緩和をできる限り持続させることである。

ところがいま世界の投資家の中で、「世界が日本を後追いする」という説をとる悲観論者がいる。コロナ禍直前まで世界の国債金利の3分の1がゼロ以下に沈むという状況の中で、欧米もJapanification（日本化の病）にかかるということが本心から心配されていた。バブル崩壊→過剰供給力温存の下での超金融緩和→デフレ→さらなる金利低下という経路による株価下落基調は避けられない、という見方である。

しかし、そうした見方は根本的に間違っている。バブル崩壊のデフレに関して、日本のケースは極めて特殊なもので、アメリカが日本の「失われた20年」を繰り返す可能性はほとんどない。

それどころかアメリカ経済と株式は波を繰り返しつつも上昇する途上にあり、世界株式も日本株式もそれに追随するはずである。「アメリカ経済はデフレに陥らずに回復を遂げ、日本もそれを追い風にデフレ脱却していく」と主張したい。

デフレが内需産業と金融産業を痛めつけた

デフレ脱却のプロセスを理解してもらうためにも、まず、日本がどんな経路でそれに陥ったかを述べておきたい。

デフレには多くの側面がある。よいことと思われる点もある。デフレは生活者にとってコストの低下をもたらし、その限りにおいて実質所得を押し上げる。また通貨の購買力が高まるので通貨価値が上昇する。それは対外購買力を一段と上昇させ交易条件を向上させる。しかし、日本のデフレはそんな展開にはならなかった。本来であれば大英帝国時代のイギリスが行ったように、通貨の強さを活用して海外投資、金融による世界支配などの戦略も取れたはずなのだが、日本は覇権国でもなく投資インテリジェンスも欠如しているので、それを実現するべくもなかった。それどころか覇権国アメリカによるブレーキもあって、潤沢な貯蓄を無駄遣いし、金融産業がむしろ衰弱してしまったほどである。

日本のデフレは、特に二つのセクターを痛打した。第一は、内需関連のサービス産業である。これらの産業は本来生産性の上昇が乏しいので、他の産業並みに賃金を引き上げるためには、販売単価の値上げが必須である。かつてインフレの時期には、価格引き上げが容易であり、それによってその産業の利益と従業員の給与上昇がなされたが、デフレではそれが不可能となり、広範な内需関連サービス産業やそれに依存する地方経済が疲弊したのである。

第二に、デフレが金融セクターを痛めた。名目経済の縮小に加えて、デフレによる実質金利の上昇が資金需要を低下させた。また資産価格の下落が、金融機関の投資収益・トレーディング利益を損ない続け、日本の金融機関は不良債権の処理が終わっても収益が回復しなかった。金融機関は不動産の長期下落による担保価値の減価、企業の倒産不安が長らく続いたことから、貸し出しの回収、抑制に注力し、リスクプレミアムは高止まりした。リスクキャピタルの提供が不可能になってしまったのである。

そうした環境下で唯一、生産性の上昇によって所得を上げ続けることが可能なのは製造業だったが、ここでも生産性上昇の成果は円高による値下げに食われて、国内の賃金上昇には結びつかなかった。加えて生産の海外移転が進展し日本の製造業雇用が大きく減少した。非製造業の雇用も停滞して、その穴を埋め切れなかったのである。

アメリカでも製造業における雇用は長期にわたって緩慢に低下したが、非製造業での大幅な雇用増加がそれを凌駕し続け、総雇用は着実に増加した。それに比べ、日本は製造業の海外移転、国内空洞化が急ピッチであったことに加えて、需要不振により非製造業雇用の伸びも緩慢であった。こうして賃金下落と内需縮小の悪循環がもたらされたというわけである。

「地政学」で説明できるアメリカの日本叩き

前章で、1990年代のアメリカの日本叩きが日本を超円高に誘導したと述べたが、ではなぜアメリカは、そこまでして日本を叩こうとしたのだろうか。

実はこれは「地政学」が関係している。日本の近代史は外国勢力の思惑に振り回された歴史で、それによるインパクトが株価の推移に現れている。

例えば、日本の近代化は黒船来航から始まった。諸外国の脅威を前にして開国。独立を守るために明治維新が断行された。やがて日本が強くなり、ロシアに対抗するために日英同盟を結ぶ。栄光ある孤立を維持しどことも同盟を結んでこなかった世界最強のイギリスが唯一の同盟国として日本を選んでくれたため、いきなり日本は世界のプラチナステイタスの国に駆け上ってしまった。これが１９０２年。やがて同盟の後押しもあって、ロシアと戦って勝利し、日本は一躍世界列強の仲間に入った。なんのことはない、日本の努力や実力もさることながら、その時々のグローバルな地政学環境によって日本は浮かび上がってきたのである。

しかし、日本は増長し、せっかくの地政学的な順風を自ら逆風にしてしまった。１９４５年、英米を敵にした戦争に敗れ、どん底に落ちてしまった。そんな日本の復活の契機になったのは１９５０年に勃発した朝鮮戦争である。ここから始まったアジアにおける冷戦に対応するため、日米は共産主義を封じ込めるための軍事同盟を締結する。世界最強のアメリカの有力な同盟国になるという極めて有利な地政学的追い風を受け、さほどの困難もなくスムーズに戦後復興ができたのだ。

朝鮮半島で戦争を続けるアメリカを支援するために、日本は物資供給を通して経済繁栄を達成していく。戦争終結後は、アメリカのサポートを受けて産業発展に邁進していく。

アメリカは、同盟国でもあるし、ちっぽけな島国である日本の力を軽んじていたのか、懇切丁寧に技術指導を施してくれ、市場も開放して日本製品を買ってくれた。日本人は自分の力だと勘違いしてきたが、日本の戦後の繁栄は、アメリカ抜きには達成できなかったことは疑う余地もない。

ところが1990年前後に、局面は大転換する。ソビエト連邦が崩壊し、いわゆる冷戦が終わって、アメリカにとって日本の地政学上の役割が著しく低下した。ソ連に対抗するための「不沈空母」は必要なくなったのである。

そこで1990年代に入り米国では、「もう日米同盟は不要」という気運が生まれた。アメリカ議会で「なぜアメリカ人の納税コストで日本を守る必要があるのか?」という議論が噴出したときに、「いやいや、日本にいる米軍の役割は日本を守るためではなく、暴発しそうな日本を押さえる瓶の蓋というのが米軍の役割。だからこれは当然アメリカの国益だ」という説明がなされた。この論理は1972年のニクソン訪中時に、ニクソン大統領により中国の周恩来首相に対してすでに説明されていた。それは、その後の議事録公開によって明らかにされた。日本側からすると「とんでもない、それならやめてしまえ」となるところだが、プラグマティックに考えれば、アメリカの対日軍事支配がより強まったということである。そしてアメリカは日本に対する強力な軍事的影響力を駆使して、台頭した日本を叩き始めた。

日米半導体協定に象徴される「日本潰し」

その結果、1995年に1ドルは79円75銭という歴史的な円高水準に達した。93年から〝日米摩擦解消〟を目的に日米包括経済協議が始まり、知的財産や政府調達、自動車、保険、金融サービス分野で対日圧力が高まり、その中で円高が進んでいった。

それが象徴的に現れたのが日米半導体協定である。90年当時、日本は世界の半導体の50%近くのシェアを持っていた。しかしアメリカは「日本は不当に半導体のダンピングをしてシェアを高めた」と言いがかりをつけ、日本市場の開放を要求してきた。「当時アメリカの世界における半導体シェアは、アメリカ以外の地域で2割あるのだから、アメリカの半導体は日本でも20%売れてもいいはずだ。しかし実際のシェアは2%。これはおかしい」と言い出したのだ。

実はこれは、日本市場でアメリカ車が売れないのと同じ構図で、アメリカの半導体の品質と価格に問題があるからだ、というのが日本側の反論であり、両者の議論は折り合うことのない水掛け論であった。しかし日本側は「日本の半導体需要の20％をアメリカ企業から買え」という無理難題を受け入れてしまった。結果、当時の通産省は半導体ユーザーに対して、アメリカ製半導体を使うように〝指導〟した。日本は軍事的にアメリカに従属していることもあって、受け入れざるを得なかった。

これが後世に至るまでの痛恨事となった。産業界のやる気を完全に奪ってしまったのだ。特に半導体業界のモチベーションは急速に低下し、1989年の50％をピークに94年40％、98年30％、2015年10％と、急速にシェアを失っていった。

「安保は瓶の蓋」という考え方によって、日本は〝三等国〟につくり変えられたのだが、実はアメリカはもっと以前から、用意周到に日本を弱体化させる伏線をつくっていた。

それは日本の金融システムにメスを入れることである。日本の強さの根本原因のひとつは、護送船団的な金融のあり方にあるというのが当時の米国の認識であった。この結果、日本の資本コストは米国に比べて著しく低く、日本企業の活発な投資を支えた。

日銀が市中銀行を支え、銀行が際限なく融資を拡大して企業を支えれば、企業は倒産を恐れることなく投資に邁進できる。また、銀行は日銀からの低利の資金供給に加えて、貸し倒れの心配がない環境の下で、企業に低利資金を融通しても構わないと考える。土地本位制のもとで土地を担保にしているから、万が一融資が焦げ付いても土地で回収できるし、土地の価格も上昇するというメカニズムである。また株式市場における時価発行増資やワラント債（一定の価格で発行会社の株式を買える新株引受権＝ワラントのついた社債）発行などにより、日本の大手企業の資金調達コストは限りなく下がっていった。当時のアメリカの長期金利は10％前後だったが、日本の金利はただ同然だった。これではとても勝負にならない。

そこで登場したのが「日本異質論」である。「日本は特別な国なので、正攻法では日本の障壁の解消ができないし、異常に強い競争力を覆すことができない」というものである。そこで「かくなる上は力だ」と、アメリカは制裁をチラつかせつつ恫喝をし、日米構造協議を押し付けた。日本の市場開放と国内改革（貯蓄・投資の不均衡、土地利用、流通制度、内外価格差、企業系列、排他的取引慣行の是正など）の要求は、内政干渉とすら言えるものであった。

これらはみな、アメリカ側が強引に日本に「ルールを変えろ」と迫ってきたもので、正論に属するものもあれば、半導体協定のように〝言いがかり〟にすぎないものもある。

しかしこのおかげで、日本は市場をオープンにせざるを得なくなり、アメリカが望む通りに変わらざるを得なくなったという側面もある。押し付けられた結果とはいえ、これが国内改革につながったのだから、結果的にオーライだったという面もある。

他方で、日本企業や経営者のアニマルスピリットが著しく低下し、企業経営者の戦闘意欲が失われたという負の側面が、いまだに影を引きずっている。日本は自力で世界第二の経済大国になったわけではなく、アメリカが日本に恩恵をもたらしてくれたという側面もある。半導体技術も自動車技術もアメリカから教えてもらったものであり、いわば先生のテリトリーを荒らしまくって得た果実だということもできよう。製造コストはアメリカより日本のほうが安い。賃金も安いし円も安いからである。設備も新しいから生産能力は高い。アメリカの設備は老朽化していて、しかも労働組合の力が強い。UAW（全米自動車労組）などは強硬で、簡単に労働編成を変えることを許さない。こうした状況のもとで、アメリカが産業競争力を守るには、政治的に日本を押さえるしか方法がなかったのである。しかしそれは、結果的に韓国、中国、台湾に漁夫の利をもたらした。

1950年、朝鮮戦争の勃発時から日本の株価は急伸し、1950年から90年までの40年間で日経平均は400倍、年率16％の上昇となった。しかし1990年を境に日本の株価は急落を始め、平成の30年間でもマイナスであった。こうした大変化の分水嶺が冷戦終結の90年である。それ以降、アメリカの日本叩きが熾烈化したからであり、地政学が時代区分を分けたことは疑いない。

「ただ乗り」のコストは払い終わった

かつて日本が誇った突出した産業競争力は韓国、中国などの台頭により、過去のものとなり、日本の貿易黒字はほぼなくなった。同時に最近になって、日本はようやく膨大な内外価格差、つまり購買力水準（＝ＰＰＰ）を上回るコスト高（＝実際の為替レート）を解消した。ＯＥＣＤベースの購買力平価は２０２１年に１０１円まで上昇した。市場為替レートは１１５円なので、日本が12％割安になったのである。

かくして日本は「ただ乗り」のコストを払い終わり、長期にわたって続いた「円高ペナルティー」は完全に終焉したといってよい。

その背景には「日米安全保障条約」の変質が大きな要素になっているだろう。かつて日米安保は対ソ連を念頭に置いていたが、現在は激化する米中対立を念頭に対中国になっている。

つまり米中対立は、日本にとっての「神風」とも言える。米中対立を視野に、アメリカは日本の地理的位置に再注目し始めたのだ。そして、つむじ風に押し上げられるように、日本経済浮上の圧力が働き出したのである。

地理的条件に加え、日本の産業競争力や技術力も、アメリカの強い味方になるはずだ。現在、アメリカは半導体の7割をアジアの3か国（韓国・台湾・中国）に依存している。アジアでひとたび軍事衝突が起きれば、半導体供給がストップしてしまう危険性がある。「半導体は近代産業の原油」であるから、アメリカはこの危険をなんとしても回避したい。アジアでいちばん安全な国は日本であるから、日本にウエイトを移し、中国、韓国、台湾依存を減らしたいのがアメリカの本音である。

しかも、半導体そのものは中国、韓国、台湾で製造可能だが、その材料の6割は日本が供給し、半導体製造装置も約3割強のシェアを日本が占めている。つまり、半導体の基礎を成す材料や装置に関しては、日本が世界で圧倒的な強さを持っているのである。

したがって、日本を中心に、安全なアジアでのハイテクの産業集積、サプライチェーンをつくりたい。こうアメリカは考えている。そのためにも、アメリカは「円高誘導」を完全に捨て去り、円安容認に舵を切っている。要するに、米中対決という新たな地政学のもとで、日米同盟は新たなステージに入ったということになる。

円高デフレの最大の成果＝「高コスト構造の是正」

「失われた20年は日本を確実に強くした」と述べたが、「空前のコスト引き下げイコール効率化」と「企業のグローバル化」の成果は、いま着実に実を結びつつある。１９９０年当時の東京が世界最高の高物価都市だった背景をもう一度整理してみよう。

①極端な円高により、ドルベースでの人件費が異常に高くなったこと。
②日本企業の高コスト構造、つまり経済全体では流通コストが高く、個別企業では販売管理費など間接費の負担が大きいこと。
③日本の規制と効率無視の企業慣行。

これに対する日本の正しい処方箋は、次の三つである。

①労働生産性を引き上げて円高による高賃金負担を吸収すること。
②企業のリストラ・効率化と流通改革。

③規制緩和と競争促進による市場価格の引き下げ。

その結果、マクロの動きを示す日本の購買力平価は一貫して上昇し、1990年代初頭の1ドル200円から2021年には1ドル101円前後と、対ドルでほぼ2倍となった。品目別の日米物価格差をその時点での市場為替レートで換算して比較すると、93年当時対米比で日本が1・5〜2倍以上高かった公共料金の価格差は電力を除き逆転した。航空運賃や地下鉄料金、電話通信料金は、むしろ日本のほうが大幅に安くなっている。例えば東京とNYの地下鉄初乗り料金を比較すると1990年から東京は160円で変わっていないが(ドル換算では円高により1・1ドルから1・4ドルへ3割弱上昇)、NYは1ドルであったものが、現在は3ドルへと3倍に上昇し、価格差は1990年の東京はNYの1・1倍であったものがいまでは0・5倍と半分に低下している。唯一電力だけは2倍以上の価格差があったものが東日本大震災直前にほぼ解消したが、再び原発の稼働停止と円安による日本の電力料金の上昇で依然、日本が高価格となっている。

また、かつては日本の物価高の象徴であった食料品も、たとえばビールは2・5倍からほぼ1倍へと接近している。ビッグマック価格を比較すると1990年代前半は日本がアメリカよりも約4割高かったが、直近では逆に4割ほど安くなっている。アパレル分野でも、ユニクロなどの商品価格はアメリカよりも安い。

それではこの日本における価格低下はどのようにして実現したのだろうか、先に挙げた①～③のそれぞれについて見てみよう。

①の円高による人件費高騰に関しては、生産性向上と賃金低下で達成した。日本企業は主要国に劣らない生産性の上昇を実現しながら、賃金を大きく抑制してきたために、単位労働コストは先進国の中では唯一、顕著に下落したのである。

②の高コスト構造に関しても、企業の間接費・販売管理費の削減が大きく進展した。流通改革も顕著で、複雑な問屋制度がシンプルになった。その象徴はＳＰＡ（小売り製造業 Specialty store retailer of Private label Apparel）という新しいビジネスモデルの急成長である。ＳＰＡを最初に提唱したのはアメリカのＧＡＰであるが、それが日本で花開いた。

１９８０年代まで日本でサプライチェーンを支配していた製造業と卸売業に代わって、いまはユニクロ、ニトリモデル、つまりＳＰＡによる徹底した流通の効率化が勢いを増している。さらに過去20年間の小売市場でシェアを著しく高めたコンビニが多段階の流通経路を大きく省略した。このような流通改革旗手3業種（SPA、インターネット販売、コンビニ）の躍進により、日本の流通は大きく効率化しつつある。

③の規制緩和・行政改革も、十分とは言えないが進展している。上述の公共料金の著しい価格差縮小は、規制緩和と競争促進政策導入の賜物であったといえる。

第二の成果は企業のグローバル化と技術優位保持

次に第二の成果、グローバル化について見てみよう。

急速なグローバリゼーションの進展と軌を一にして、日本企業の海外投資が増加し、海外生産比率も大きく上昇した。1980年代後半から1990年代前半に噴出したのが前に述べた「日本異質論」である。日本は「国内市場を外資に対して閉鎖しながら著しく競争力の強い商品を国内でつくり、海外に集中豪雨的に輸出して、相手国の産業をなぎ倒し、雇用を奪う要塞国家だ」と非難されたのである。

1990年当時の日本の海外生産は10％弱で、欧米先進国に比べて大きく立ち遅れていた。しかし2014年以降ほぼ38％と主要国を上回る水準となっている。日本企業は海外でも雇用を奪うどころか、雇用創造の担い手となっている。日本製造業の海外生産比率を所得（付加価値）ベースではなく実態の工数ベース（直接生産工程における雇用数ベース）で比較すると、海外生産比率は優に5割を超えていると推測される。日本の製造業国内雇用者は1003万人（2020年）、海外雇用者は420万人（2020年）であるが国内雇用者の大半は工場の直接生産工程に携わってはいない。日本企業の海外ネットワークの布石は完全に打ち終えたといえるのではないか。

さらに主要国の経常収支を比較すると、中国、韓国、ドイツ、スイスなどすべての黒字国が貿易黒字主体であるのに対して、日本だけは貿易収支はほぼトントンであり、経常黒字の大半が海外投資からのリターンである所得収支である。日本企業の海外所得が大きな収益源になっているという点で、日本は米国を除き世界最大のグローバル展開を成し遂げている国と評価できる（図表2-1「主要国経常収支比較」参照）。

このように、かつての二つの欠点であった、高コストと閉鎖性は大きく是正された。加えて、韓国、台湾企業などの躍進により一部に綻びは見られるものの、日本の技術優位性はまだ高く、品質優位の商品がまだ数多く存続している。これは日本企業が円高デフレの

図表2-1　主要経常黒字国比較(2020年)

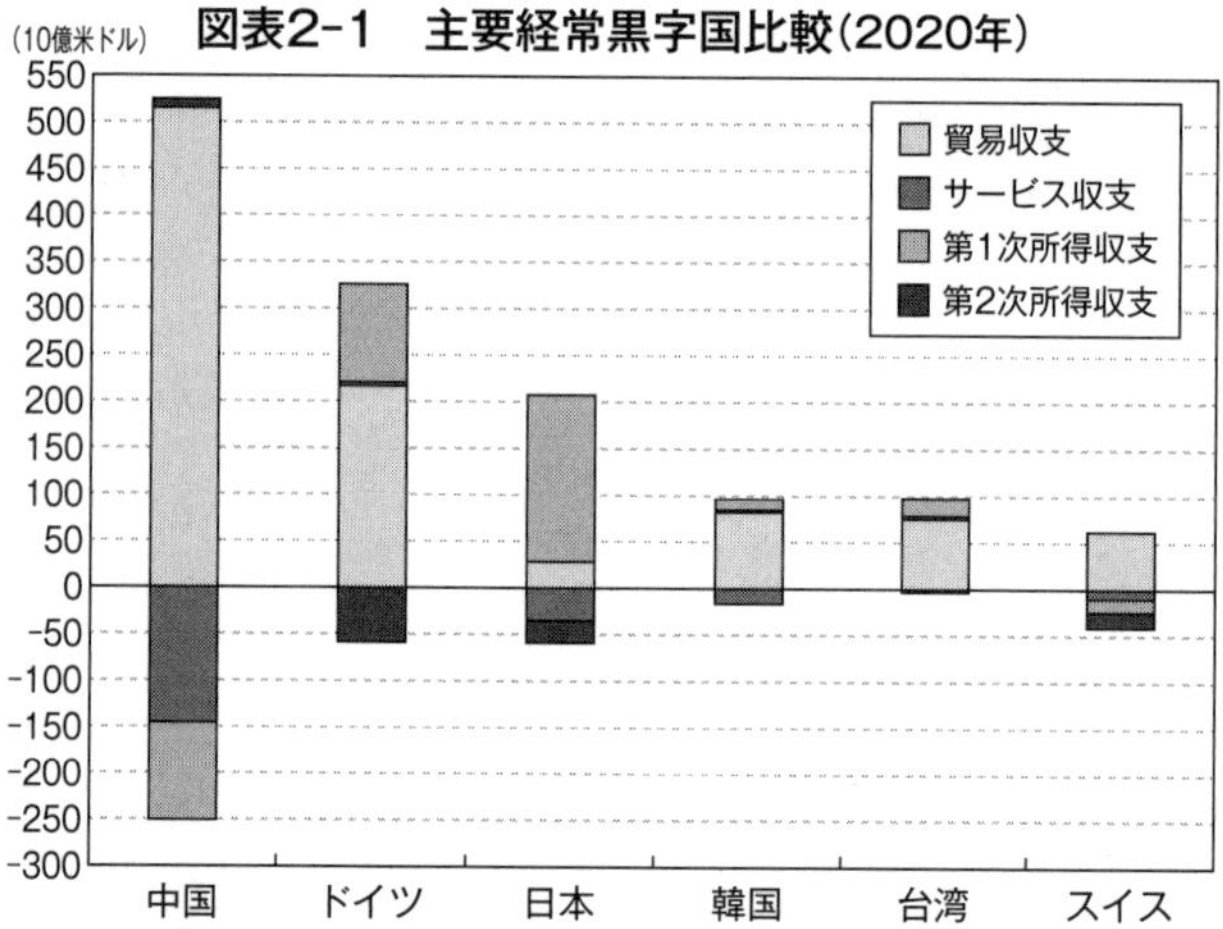

出所：OECD(台湾以外)、台湾中央銀行

困難な局面で単位労働コストを大きく圧縮しながらも、技術開発投資に優先的に資金を配分してきた結果である。

「日本異質論」から「中国異質論」へ

先ほど「日本異質論」を説明したが、いまや日本は異質ではなくなった。代わって台頭し始めたのが「中国異質論」である。中国はかつての日本以上に、近隣諸国を破壊する強さを持つようになってきた。ＩＭＦの統計によれば、現在、中国の２０２１年の国内総生産（ＧＤＰ）は16兆６４００億ドルと、22兆６８００億ドルのアメリカの４分の３。日本は５兆３８００億ドルで、中国は日本の３倍の規模に達している。このまま行けば10年以内にアメリカを凌駕する可能性が高い。外貨準備はさらに増大し、中国のパワーが他を圧することは間違いない。

そして、中国のそうしたプレゼンスは現在の中国の異質性（市場主義、民主主義、法治主義、財産権、知的所有権尊重などの欠如）からすると、世界の攪乱要因になりかねない。

しかも中国の強さは、かつての日本以上に技術・資本・市場などを海外に依存した成長構造に起因しており、それはフリーランチの側面が大きい。

肥大化する中国を抑制し、自己変革の圧力をかけ続けるためには、その隣国日本のプレゼンスの高まりが不可欠である。その意味でも、アメリカはもう、日本を円高にして苦境に陥れることは決してしないであろう。

デフレ脱却の決定打、マンションブームと不動産の価格革命

日本では現在、マンション（区分所有）価格が大きく上昇している。国土交通省によるマンション価格指数は２０１３年から高騰を始め、２０２１年には13年比７割の大幅上昇になった。この価格上昇は建築費の高騰、マンション適地の不足による地価高騰が原因と

されているが、その背景には空室率の大幅な低下とマンション需給の好転があるものと見られる。業界筋のデータでは、空室率は10年の11〜12％から19年には5〜6％へと低下した。このブームはコロナ禍で在宅勤務が増加する過程でさらに加速しているようである。

では、なぜいまマンションブームなのだろうか？　それは新時代のライフスタイルと時勢による。所有から利用へ、シェアへという時勢が、不動産の利用価値による再評価を促している。日本の通勤地獄・長距離通勤の原因は、不動産価値神話による郊外の一戸建て選好が高じたためという側面が強いが、これは共働き子育て世代には受け入れがたい。シェアリングエコノミー時代、住宅がその洗礼を受け、職住近接の好立地の住宅不足がマンション需要と家賃を引き上げているというわけである。

つまり、いま始動している賃料、マンション価格上昇の好循環は、景気循環的というよりは構造的変化といえる。その利用価値に照らして、不当に低評価されていた中古マンションの価格が上昇するという視点に立つと、超低金利でマンションを取得すれば、家賃を節約できるうえに値上がり益が見込める。また住宅取得減税の恩典もある。借家より持ち家を選択するほうが有利であり、マンション需要が強まる。ますます需給が好転する公算が高い。

日本だけが膨大な潜在力を持っている

マンション価格の値上がりは、いまの株高とともに経済的価値からみて不当に低く評価されていた資産価格の再評価を促す流れである。それは、日本に特異な資産価格の長期下落容認という大きな政策の誤り、つまり日銀のオウンゴールを補うほどの意味を持つ。

「失われた20年」の原因の一つは、長期にわたる資産価格（株式と不動産）の下落を容認、放置したこと、と先に指摘した。

人々の購買力の源泉は「所得」と「信用」である。「信用」は銀行の貸し出しと資産価格上昇に分けられる。90年のバブル崩壊以降、日本では銀行貸し出しが約５００兆円（93～97年）から約４００兆円（２００４年）へと２割も収縮する中で、資産価格が20年にわたって下落を続け、購買力が長期にわたって蝕まれ続けた。

株式と不動産を足し合わせた日本の資産総額は89年末の３１４１兆円をピークに11年には１５０３兆円まで20年にわたる下落で半減し、１６３８兆円の富が失われた。資産価格が最大の信用創造の糧となる時代に、長期にわたる資産価格下落を容認し続け、驚くほどの打撃を経済に与えた金融当局の姿勢は批判されるべきである。

この資産価格は、単なるバブル崩壊（経済価値の水準までの価格下落）に止まらず、経済的価値を超えて著しく下落し、負のバブルを形成した。資産価格の下落→賃料低下→さらなる資産価格の下落、という悪循環が20年にわたって続き日本経済をゾンビ化させたといってよい。

日本の20年にわたる住宅価格下落というのは、極めて特異である。世界主要国の住宅価格推移を見ると、世界中でほぼすべての国で住宅バブルが崩壊したものの、価格下落は2～5年で収束し、大半の国で住宅価格はバブル前の水準に戻っている。

とはいえ、先に見たように、その日本の資産価格下落傾向は2011年で底を打ち、以降上昇に転じている。しかし、まだ株式やマンションは、経済的価値からみた妥当水準にはほど遠く、今後の資産価値上昇の余地はかなり大きいといえる。つまり、日本だけが今後の資産価値上昇に対して膨大な潜在力を持っているということになる。言い換えれば、これは「日本経済の埋蔵金」である。これが今後、大いに期待できる。

円高デフレ終焉で日本にメガ景気がやってくる

このように見てくると、「失われた20年」とは、日本が真にグローバル化に対応し、グローバル市民としての内実をコスト面、ビジネス展開面から整えた時代（規制改革や行政改革などの課題は残されているものの）、将来に向けての発展の基礎を固めた時代と言えるのではないだろうか。

その成果が、円高デフレが完全に終わり、著しい企業利益の増加として表面化しつつある。では、鍵となる円高はいつ終わるのかを考えてみよう。

為替水準の決定要因は、①購買力平価要因（物価上昇率格差要因）、②金利差要因のいずれかによって決定されると考えられる。購買力平価要因とは、物価上昇率格差が直ちに貿易財（国内市場だけでなく貿易を通じて世界市場で売買される財）の価格競争力に影響を与え、貿易収支（経常収支）を変化させ、為替需給を動かすという考え方に立つ。

再び33ページの図表1-2「日本円の購買力平価と市場レート」を見ていただきたい。経済が成熟した主要国為替レート推移をたどると、おおむね購買力平価レートを軸に、プラスマイナス30％程度の幅で変動していることがわかる。長期的には通貨は購買力平価に収斂するといえる。その中での変動は主として金利差要因で説明できる。景況感格差に由来する金利差は資本収支に影響を与え、主に短期の為替需給を動かしてきたのである。

そして繰り返し述べているように、日本の膨大な内外価格差（ドルベース輸出価格を上回るコスト高）は解消し、ＯＥＣＤベースの購買力平価は、実際の為替レートにほぼ収斂してきている。「タダ乗り」のコストは完全に払い終わったのだ。もうペナルティー円高に苦しむ必要はなくなった。

いまやアメリカ景況感の回復とアメリカのゼロ金利解除で、完全に円安局面に入っている。アメリカでは量的金融緩和（ＱＥ）の終了とＦＦ金利（短期金融市場を操作する目的の政策金利）の引き上げなど、緊急避難的金融緩和の出口論議が浮上しており、円高のピークは過ぎたと考えられる。

こうして円高が終焉すると、バラッサ・サムエルソン効果の仮説に基づく好循環が始まる。つまり、ようやく日本でも高い生産性上昇率に基づいた賃金上昇が始まるはずである。それは直ちに国内の非貿易財産業の賃金水準にも波及し、サービス価格インフレを引き起こし、名目経済を拡大させる。増加した賃金は消費増加に割り当てられ、経済成長率を高めるという経路である。それは「失われた20年」に円高デフレをもたらしたものとまったく同じ原理が、逆方向に働くということである。

このような環境では、生産性上昇率格差インフレが再現する。つまり生産性が高まらない内需系のサービス産業であっても、インフレにより賃金と利益の上昇が可能になるということである。加えてコロナ禍終焉の暁には観光産業が巨大化し、外国人観光客が著しくお得感を高めた内需・サービス産業の購買者として登場する。そうした好循環を早期に実現するためにも、円高デフレの悪循環を回避するリフレ（デフレ脱却を目的とする）政策が決定的に重要となるはずである。

「米中対立」が円安トレンドを誘導

また、米中対決も円安の追い風になると述べた。そこで日本に利益をもたらすのは半導体をめぐる環境である。半導体やハイテク機器の供給を韓国、台湾、中国の３か国にほぼ全面的に依存しているのは、自由主義国にとって大きなリスクである。米中敵対時代に韓国・台湾・中国は「潜在的係争地」であり、ひとたび騒擾が起きればハイテク製品供給が遮断される。この3か国へのハイテク生産依存を変えないと、中国と事を構えることもできない。そこで安全地帯・日本に回帰させようというわけである。

そもそも、世界半導体生産の7割以上が極東アジアの3か国、韓国、台湾、中国に集中しているのは、日米貿易摩擦により日本における半導体生産が著しく困難になったからである。行き場を失った日本の技術者、素材・装置・部品などのサプライ企業は、韓国、台湾、中国に活路を求め、現地政府の積極的産業育成策の支援とも相まってそこに産業集積が形成された。30年前には日本だけに存在していたハイテク産業クラスターが、東アジア全域に拡大したということである。

それ以降、半導体産業の中心は韓国、台湾、中国に移ったが、日本はオランダASLMが支配する最先端EUV（極端紫外線）露光装置を除けば、彼らが必要とする最先端のサプライ技術を一手に供給し、東アジア全体のハイテク産業クラスターの土台を担っている。世界の半導体製造装置は日米でほぼ独占しており、トップ15社中、日本企業は7社を占める（図表2-2「実は日米でほぼ独占する半導体製造装置市場」）。一国内で半導体の川上から川下まで一貫生産できるのは世界で唯一、日本だけである。

図表2-2　実は日米が半導体装置市場をほぼ独占している

2020 売上高ランキング			2019（百万ドル）	2020（百万ドル）	前年比、%
1	米国	Applied Materials	13,468	16,365	21.5
2	EU	ASML	12,770	15,396	20.6
3	米国	Lam Research	9,549	11,929	24.9
4	日本	東京エレクトロン	9,552	11,321	18.5
5	米国	KLA	4,704	5,443	15.7
6	日本	アドバンテスト	2,470	2,531	2.5
7	日本	SCREEN	2,200	2,331	6.0
8	米国	Teradyne	1,553	2,259	45.5
9	日本	日立ハイテクノロジーズ	1,490	1,717	15.2
10	EU	ASM International	1,261	1,516	20.2
11	日本	Kokusai Electric	1,127	1,455	29.1
12	日本	ニコン	1,104	1,085	-1.7
13	韓国	SEMES	489	1,056	116.0
14	その他	ASM Pacific Tecnhology	894	1,027	14.9
15	日本	ダイフク	1,107	940	-15.1
トップ15社計			63,737	76,371	19.8
半導体製造装置メーカー計			78,032	92,405	18.4

出所：VLSI Research

したがって、これまで述べてきたように、米中対決で日本を除く東アジア（中国、台湾、韓国）のリスクが高まれば、再びハイテククラスターを日本中心に組み替えようという動きが出てくるのは必至である。日本の半導体工場はエルピーダメモリーから買収した広島工場を擁するマイクロンテクノロジー、東芝（現キオクシア）と工場を共有するウエスタンデジタルのNANDフラッシュの四日市工場など、アメリカ系企業がほぼ半分を支配している。アメリカの安全保障の見地から、TSMC（台湾積体電路製造）はアリゾナに工場建設を決めたわけであるが、こうした要素を考えると、アメリカ国内建設と同時に、信頼できる同盟国である日本での供給力増強という手立ても、アメリカは有効だと考えるに違いない。

つまり、冷戦崩壊で〝用済み〟になり、見捨てられた日本が、米中対立で国際分業上のプレゼンスを高め、復活するのである。ハイテク産業クラスターの中心日本が、地政学によって復活するというのは歴史の成り行きということなのかもしれない。

日本経済の風景はガラリと変わる

この3国依存のハイテクサプライチェーンを変えるカギは為替にある。アメリカは、韓台中の競争力を過度に高めた超円高の経験を逆手にとって、半導体等ハイテク生産のサプライチェーンを日本に回帰させるために、日本には円安を、韓国にはウォン高、台湾は台湾ドル高、そして中国には人民元高に誘導したいという思惑があるはずだ。

現在は、韓台中とも自国通貨高を余儀なくされている。強い産業競争力に比べて割安な通貨水準が維持されてきたため、これら各国では大幅な貿易黒字が積み上がり、それが不動産バブルを引き起こしている。バブル崩壊前の日本と類似した情勢にある。

韓台中3か国とも、本来なら大幅な黒字（イコール余剰貯蓄）を使って内需振興を図ることが望ましいのだが、消費が低迷しているため、余剰資金がもっぱら不動産に向かっている。その結果、かつての日本と同様に、バブル抑制のために金利を上げ、結果として自国通貨高を甘受することになるだろう。それはとりもなおさず円安進行につながる。

こう考えていくと、これまで日本を痛めつけた円高デフレの悪循環が完全に終わり、円安インフレの好循環が始まっていく。日本経済の風景は一変するはずである。

なぜコロナ禍が経済の長期展望を開くのか

コロナ禍にもかかわらず、アメリカ株式は連日のように史上最高値を更新している。日本株式も30年ぶりに日経平均3万円に達した。「現在の株価はバブル」とする議論は根強いが、それは正しくない。この株高は、コロナパンデミックが人類の新時代を開きつつあることを予見しているのかもしれない。

長引くコロナ禍で全世界的に欲求と貯蓄が堆積しており、コロナパンデミック終息の暁には、それが爆発するだろう。銅、石油、海運運賃などの商品市況急騰、半導体などの在庫不足に、その兆しが表れている。

しかもコロナ禍の〝おかげ〟で、より長期的にはイノベーションが加速することが見えてきた。イノベーションをひきおこす必要十分条件は、技術、市場（ニーズ）、資本（リスクキャピタル）の三つであるが、コロナパンデミックはこの3条件を見事なまでに揃えさせたといえる。すでにあらゆる人間活動をネットデジタル化する技術は存在し、潤沢な資本もあったが、ニーズが欠けていた。しかしコロナ禍は在宅勤務、在宅授業、在宅診察など、大半のビジネスと生活をネット化する緊急必要性をもたらし、一気に市場ニーズが形成された。それによりDX化のトレンドが可視化され、イノベーションに先行すべく、デジタルネット革命での投資競争が展開されている。脱炭素、自動車のEV化の流れが、それをさらに加速させている。

それ以上に本質的な変化もある。それは労働形態多様化、労働時間の劇的な減少を引き起こすことである。コロナ禍で人々の生活形態が変わり、物理的に集まって労働したり教育を受けたりする時代は終わりつつある。リモートワーク、フレックスワークが常態化し、労働の弾力化が劇的に進行している。

仕事の大半が、いつでもどこでもアクセスできるネット上で行われるようになって、それによる労働時間の減少が消費力を大きく向上させるだろう。在宅勤務が常態化し、週休

3日制を検討する企業も現れた。今後、よりダイナミックな労働時間短縮が展開されていくだろう。

歴史を振り返ると、労働者の労働時間は驚くほど減少していない。ロシア革命の2年後の１９１９年、資本主義を守るために労働者の保護、労働条件改善の必要性が意識されるようになり、国際労働機関（ＩＬＯ）が設立された。その1号条約では週労働時間の上限48時間がうたわれたが、それから１００年経ったいまでも、この週48時間労働が主要国でさえ完全には達成されていない。１００年間で年率2％強、累計で約10倍の労働生産性上昇が実現し、驚くほど技術と生産力が高まったのに、人類の労働時間はほとんど変わっておらず、生産と消費のバランスが崩れてしまった。日の出から日没まで働いていた中世より、現代人のほうがよほど長く働いているのである。

過剰生産、供給力余剰、資本（イコール貯蓄）余剰、デフレ、ゼロ金利など、いま先進国が直面する問題の主因はここにある。生産性、つまり供給力が著しく増加したのに、消費の土台となる余暇が全く増加していないため、消費力が停滞している。そこに問題の根本原因があるのではないだろうか。すでにモノの消費需要は飽和点に達し、サービス消費が需要の中心になっている現在、需要を喚起するためには、一段と余暇を増加させなければならない。つまり働きすぎが需要不足の原因ともいえるわけである。

しかも長時間労働は、家族運営・子育ても困難にする。長時間労働で先進国へのキャッチアップを果たしてきた日本、韓国、中国などのアジア諸国で出生率が急低下している最大の原因は、長時間労働・労働形態の柔軟性のなさにあるのではないだろうか。

つまり、コロナパンデミックが引き金を引いた労働編成の劇的変化は、この100年分の「ワークライフバランス」（労働時間vs.消費時間）を是正するものになるだろう。それは人間関係、組織形態をも根本的に変えていくはずだ。

つまり、原始採集経済→農業経済→工業経済に次ぐ新たな社会ステージが、ネットデジタル革命によって引き起こされ始めているということである。人間社会が工場制機械工業をコアとする編成から根本的に離脱し始めたのだ。

価値創造は、農業時代の土地の上でも、工業時代の工場（事務所）の中でもなく、いまやネット・サイバー上で行われる時代となった。その全貌はまるで見えないが、ここ数百年を支配した経済学と経済政策の有効性に限界が見えた時代であることははっきりしている。いま我々は人類の新時代の入り口に立っており、それは新たな夢と機会にあふれた時代である可能性が高い。

コロナが経済発展の障害物を押し流す

実はコロナパンデミックが起きる以前から、世界は3つの歴史的趨勢の大変化が始まっていた。

1　ビジネス、生活、金融、政治のすべてを覆いつくすIT・ネット・デジタル化
2　財政と金融の肥大化による大きな政府の時代
3　中国の孤立化と国際秩序・国際分業の再構築

である。

しかし牢固な障害物で展開を阻まれていた。障害物とは、ネット化に対しては既存の慣習・制度・変わりたくない抵抗勢力。大きな政府に対しては、健全財政信仰、緊縮金融信仰。そして中国抑制に関しては中国経済力の脅威、中国の横車・恫喝などである。

これらの阻害要因が歴史の流れを押しとどめ、澱《よど》みができ、政治・制度・経済・社会・生活等で大きなひずみが起こっていた。ここ数年顕在化していた世界経済の病、デフレ（イコール供給力余剰）、ゼロ金利（イコール資本余剰）は、こうした「変化を押しとどめる障害物」

が引き起こしたものと理解することができる。

しかしコロナパンデミックはこれらの阻害要因をことごとく壊し、歴史的趨勢を加速させるはずで、コロナ感染が沈静化したとき、世界経済はより活力を高めているだろう。本来なら何年もかかり、多くの失敗の後にようやくたどり着いたであろうこれらの結論に、コロナパンデミックのおかげで瞬時に到達できた。このことの意義は大きい。

コロナ発生後の世界で人々が最も驚いたことは、いかに技術が進化していたか、ということである。在宅勤務、在宅授業、在宅診察などにより大半のビジネスと生活は、直接の人的接触なしに遂行できている。ネットワークの技術基盤がすでに整っていたのである。しかし古い仕組み、慣習、規則・規制、無知などによって、その実用化が阻まれ、これまでそうした市場・ニーズはまったく生まれていなかった。

しかし、人と人との直接接触を避ける切り札としてのネット化が、有無をいわせない至上命令となった。

なかでもテレワークの普及は、働き方を劇的に変え新しいライフスタイルとビジネスモデルの激変を巻き起こしている。買い物はネットショッピングになり、外食を減らしてデリバリーが増え、子供たちは塾の教室まで出かけていって学ぶのではなく、自宅でパソコンやタブレットなどの端末を使って学ぶ遠隔授業が日常になるなど、あらゆるものがインターネットに置き換えられていく。医師会などの抵抗で遅々として進まなかった遠隔医療も待ったなしとなった。

ビジネス、行政、社会のデジタル化も一気に進んだ。企業の外部閉鎖性の改革、労働時間の短縮・フレックス化、兼業・副業の常態化、テレワークの障害物であったハンコ文化の一掃、ドキュメントの紙からデータへの転換も急速に進んでいる。多様な方向で労働編成改革が断行される。業務の外部委託がさらに進みコスト削減と新たな商品開発の両方が進展する。

メンバーシップ型からジョブ型へ

テレワークは上司の目を気にする必要がなく、働き方の自由度が高まるように見えるが、実は労働が可視化され、情報が共有され厳しくモニターされるようになる。つまり個人労働の価値分析が徹底される。アリバイ作りで出社し、会議に出席しているだけの社員はあぶりだされつつある。年功序列雇用が色濃い日本は、ネット導入に大きく立ち遅れていたが、ここで一気に遅れが取り戻されるだろう。いわゆる日本固有の年功序列、終身雇用など共同体の一員であることが重視され、職務定義があいまいなメンバーシップ労働から、職務の内容と評価基準が明確なジョブ型労働への転換が大きく進展するだろう。

コロナは日本の行政など社会システムのデジタル化の著しい遅れを露呈させた。菅政権はデジタル庁の創設をはじめ、マイナンバーの浸透・行政の効率化、スマホ情報の社会的活用などの改革を政策課題の一丁目一番地に据え、岸田政権もそれを踏襲している。政府のイニシアティブにより、教育・医療・金融・エンタメ（音楽、映画、ゲーム）のＩＴ化など、社会各層でのネット化が一気に進むだろう。メディアの主役交代、都市集住の見直し、スマートシティ、セカンドハウス取得などの社会変化も予想される。

また、ネットデジタルは市場の効率性を極限まで進めた。

ネット化によりあらゆる経済資源はネット上で顧客を見出し、適切な価格で評価されることになる。ネットにより市場原理が一層貫徹し、神の見えざる手がより細部にいきわたる。つまり市場が効率化し生産性が高まる。またネットで生活コストは大きく低下し所得の余剰が生まれる。その余剰所得が向かう新規支出はどこになるだろうか、ライブ、実体験、人的接触が新たな価値を持つ時代に入っていくように思われる。

コロナで格差拡大、所得再分配、弱者救済が必至に

コロナパンデミックは同時に、財政や金融面にも影響を及ぼした。従来各国政府は財政の健全化を〝錦の御旗〟とし、財政赤字の抑制を最重点政策課題としてきた。例えばユーロ圏参加国は財政赤字対ＧＤＰ比３％以下、政府債務対ＧＤＰ比60％以下という厳しい財政規律が求められてきた。

しかし今回のショックで経済活動そのものが止まってしまった。コロナショックは天災で、放置されれば大恐慌は必至である。「できることは何でもすべき」との緊急性の認識が共有され、各国の政策当局が足並みを揃えて財政政策の禁じ手が解禁された。その結果、各国で大幅な財政出動の措置が講じられたことは記憶に新しい。

その背景として、コロナパンデミックにより、デジタル社会での格差拡大が顕在化したことがあげられる。今回のアメリカ大統領選挙で露呈した両極の対立、トランプ支持に結集した右の「プアホワイト」と左の「ＢＬＭ（Black Lives Matter）」下に結集する黒人・有色人種など人種的被差別者の声が大きくなったのは、アメリカ民主主義の担い手であった

中間層の没落を背景としている。

アメリカは、今後の国内統合のためには、低金利・過剰貯蓄という経済情勢を利用し、財政を活用した社会的セーフティネットの構築が緊要となっていくだろう。

銀行に代わって株式市場が主役になった

また、コロナパンデミックは「株式資本主義の新時代」を開く契機になると思う。アメリカにおいてはいまや金融政策も株価本位の時代になったといえる。リーマンショック以降QE（量的緩和）が株価などの資産価格引き上げに決定的に寄与したが、この傾向はコロナパンデミックで一段と顕著になった。

FRBはゼロ金利をはじめとする大規模金融緩和を打ち出したが、パウエル議長は「2023年まで超金融緩和政策を続ける」と、緩和姿勢を強めてきた。当面は2％をいくぶん上回る物価上昇率を目指し、物価目標や雇用の改善が達成されるまで緩和的な金融政策を続けるとして、粘り強く低金利を続ける姿勢を明確にした。2021年末以降、サプライチェーン混乱から一時的に物価が急騰し、FRBもテーパリング（QEの縮小）など金融政策の転換を打ち出しているが、市場フレンドリーの金融政策という基本スタンスは変わらないだろう。

超金融緩和に対する最も有力な批判は、「市場に過度の安心感を与えて株式バブルを引き起こしている」というものだろう。確かにＦＲＢは、決して公式には認めないが、むしろ株高を誘導していると考えられる。しかし、それには理由がある。

かつては金融緩和が銀行融資を促進し、総需要を増加させてきた。しかしいまや銀行に借り手はおらず、銀行融資を鼓舞することで需要を刺激できなくなっている。

したがって中央銀行が総需要に働きかけるには、株式などの資産価格を採配するしか手段がなくなっているのだ。まさに株高をターゲットとした金融政策が展開されているのである。

これに対しては「株価上昇や配当は富裕層のみを利している」という主張がある。しかし、アメリカの家計貯蓄の７割は株と投資信託であり（日本の場合は７割が現預金）、株主還元は大半の貯蓄者を利しているといえる。またアメリカ家計の現金収入は賃金７割、資産所得３割となっており、アメリカ家計の旺盛な消費は株高を軸とした資産価格上昇によって支えられているといって過言ではない。

世界経済の機関車が中国からアメリカに再シフトする

念のために申し添えておくと、「量的緩和（QE）」は、政策金利が実質ゼロ水準にあり、これ以上の引き下げ余地がない状況での金融緩和策である。国債や住宅ローン担保証券（MBS）などリスク性の高い金融資産を中央銀行が直接買い入れることで、市中への資金供給を増やし景気を刺激することを狙うものだ。

これに対し、アメリカは量的緩和策による金融資産の買い入れ額を順次減らしていく「テーパリング」（先細り、漸減）を視野に入れてきた。「出口戦略」である。パウエル議長は、雇用改善に成果が上がり2％というインフレターゲットも超えてきたことから、量的緩和策の縮小と利上げの開始を表明した。

こうしてアメリカの金融政策が転換すると、ドル高の時代が始まる。コロナ危機に対応するためにアメリカが世界に対してジャブジャブにドルを供給し、結果としてドル安になった時期は終わった。これからはドルが強くなり、世界の資金がアメリカに集まり、アメリカ内需、つまりアメリカへの輸出が各国経済を牽引する時代に入っていくものと思われる。

一方、2022年、米中対立の相手でこれまで世界経済をリードしてきた中国経済の大減速が必至となってきた。IMFが21年10月に改訂発表した「2022年世界の経済見通し」は、中国は前年比プラス5・6％、アメリカがプラス5・2％だが、恒大集団危機が引き金を引く建設・不動産の失速により、中国の景気落ち込みはさらに大きくなるかもしれない。それを尻目に、アメリカ消費はますます旺盛になることが予想され、世界経済の機関車は中国からアメリカにシフトしつつある。

それを証明するかのように、現在、ドル高要因が山積している。

1　アメリカの超金融緩和が終わるのに伴い、アメリカの実質金利の上昇が見込まれる。

2　インフレ抑制にドル高が有利である。特に、第二次オイルショック時にはドル急騰で原油高を相殺したことでもわかるように、原油価格とドルは強くリンクしてきた。

3　アメリカのポリシーミックスの変化。金融緩和を捨て、財政拡大の方向にシフトしつつあることもドル高要因である。

さらに最も重要なことは「ドルはアメリカの秘密兵器」だということ。ドルはときとしてアメリカの地政学的目的達成のために使われてきた。かつて対日戦略の武器になったように、今後は米中対立の戦略手段として利用されるだろう。その一例が、中国排除のグローバルサプライチェーン構築のためのドル高誘導である。すでにコロナ禍の下での一時的ドル安が終わり、2011年に始まった長期ドル高トレンドは今後も続いていくと、私は想定している。

1ドル130円も視野に入った

ドル高とは、相対的にみれば円安である。円安になると日本の多くの企業は儲かる。円安のメリットは、海外生産をしている企業にとっては海外法人利益の円換算額の増加という形で現れる。すでに法人企業の経常利益率は、コロナショックから経済が本格回復する前の2021年4～6月時点で、過去最高水準まで回復している。

今後、さらなる業績向上はほぼ確かであり、企業の支払い能力の向上と技術労働者の需給逼迫（需要＝求人があるのに供給＝応募が少ない）から賃金上昇に結びつくだろう。円高では競争力を維持するために給料をカットせざるを得ないが、円安になると競争力が強くなるので賃上げする余裕が生まれるのだ。低賃金では日本の優秀な技術者が海外に流出してしまう危険性が出てくる。そのためにも賃金を上げて引き止めざるを得なくなっている。そこでいま大切なのは、円安を進めるために、超金融緩和をできる限り持続させることである。ゼロ金利、マイナス金利の超金融緩和で資金供給量を増やし、投資や消費などの経済活動を促すのが、いまなすべきベストな政策である。

ところで、日本円はドルに対してだけではなく、各国通貨との間でも安くなっている。というのは、ドル高以上に、円が安くなる要因が山積しているからである。

1　まずは、日本の貿易黒字がほぼなくなったこと。

2　経常収支は黒字だが、それはもっぱら所得収支であり、それは現地で再投資されることが多く、日本には戻ってこない黒字であること。

3　日本企業は膨大な内部留保をグローバル直接投資やM＆Aに振り向けており、今後も資本流出が続くこと。

4　日本の証券投資家もアメリカ株式、アメリカ国債等海外投資を増加させていること。

などである。２０２１年に入ってからFRB、欧州中央銀行など、世界主要中央銀行がバランスシートを膨張させている中で、日本の日銀だけは資産購入を密かに減らしてきた。これを「ステルステーパリング」というが、本来なら円高になってもいいはずのところ、むしろ円安が強まっている。

それは底流に円安圧力が流れているからだと思われる。つまり、これまでと違って円が安全資産として選ばれる時代は終焉を迎えた可能性があり、それを加味すれば1ドル＝120〜130円も視野に入ってくるだろう。

これから日本を巡る空気が一変する

OECDは2022年1月、「世界経済見通し」を改訂し、2020年は5・9％、22年は4・4％と、20年のマイナス3・2％からV字型でリカバーするという展望を示した。2021年、22年の経済回復レベルをコロナ前の2019年と比較すると、中国が110・6(21年)、115・9(22年)、アメリカが101・9(21年)、106・0(22年)とすでにコロナ前の水準に戻っている。これに対してユーロ圏は98・4(21年)、102・2(22年)、日本は96・8(21年)、100・0(22年)となっている。日本の極端な遅れが鮮明である。ロックダウンなど政府による行動規制は日本ではとても緩いのであるから、原因は自粛に違いない。

日本人の自粛の背景にあるものは空気である。全体を覆う同調圧力、メディアの同質性と硬直性、異論を排除する志向などが合理的判断を歪めてきたことは、評論家の山本七平氏以降、多くの人が指摘してきた日本の特質である。円高デフレと「失われた20年」、度重なる天災、コロナと不運が重なった東京五輪などにより、自虐を煽る世論形成で自信喪失を是とする空気が満ちている。

しかし日本の自信喪失もそろそろ終わりにしていいのではないか。ワクチンの3回目の接種も2022年1月末頃から本格化し、ポストコロナが視野に入るはずである。コロナの恐怖心が取り除かれた後は、心理的要因も加わって回復は大きくなるだろう。

このように心理的抑圧が日本経済の雰囲気を暗くしてきたが、実は日本経済は世界経済回復の恩恵を強く受け始めている。中国とアメリカの投資需要の急回復を受け、工作機械、半導体製造装置の受注が鋭角回復し、輸出にけん引され生産が急回復している。半導体不足から2021年秋口にかけて急減産した自動車も生産レベルを上げてきた。法人企業統計でも2022年の企業利益は円安の寄与もあり史上最高となるのではないか。コロナ後の需要爆発が起きようとしている情勢にある。

実は明るい日本経済のファンダメンタルズ

日本は世界で最も安定した国である。欧米のような分断・格差などによる社会不安は世界で最も小さい国の一つ。国家戦略と価値観に関しても、民主主義と市場経済の堅持はほぼ全国民が同意しているし、米中新冷戦下で重要性が増す日米同盟強化に異論を唱える向きはほとんどいない。失業率は世界最低水準であり、政府の赤字ばかりが喧伝されるが、企業・家計など民間を加えれば国全体としては世界最大級の貯蓄余剰を持っている。しかも米中対決の最前線の同盟国としてアメリカから、そして貴重技術の提供国として中国からも日本は強く求められる国である。

よくよく考えれば、日本はこれ以上悪くなる要素の少ない国なのだ。少子高齢化、労働人口の減少、財政赤字、大量生産型工業時代に過剰適合した政府と社会システムの硬直性、デフレの長期化など、日本には確かに問題は多いが、これらすべては全世界がこれから直面する問題であり、日本は課題先進国として、最も早くからその対処を迫られ、四苦八苦しながら解決策を模索してきたと言える。

これほどの安定性なのに、日本人は自己評価が著しく低い。謙虚で期待値が小さく、株式、不動産、住宅などの資産価格は世界最低水準である。

アメリカにとって今ほど日本が重要になったことはない

その中で最大のリスクは中国がアメリカ衰退論を確信し、無謀な行動に出ることである。「米中関係は、爆発しかねない危険をはらんだ地雷原のようだ」という説があるが、自信過剰になった中国の指導部が一線を越えて挑発的になれば、アメリカは強硬な反撃をせざるを得なくなる。香港の民主主義を圧殺して共産党の支配下におさめた手法を台湾に向けるなど、そのリスクが高まっている。

バイデン政権が取り始めた対中政策はこのリスクを念頭に置いている。バイデン政権の戦略は、アメリカの経済・外交・軍事面の底力を明確に示すことで、アメリカが衰退しつつあるとの中国の主張を打破するものである。そのメッセージは「アメリカの力を見くびるな」という単純明快なものだ。

そのアメリカの反撃力を担保するものは、強力な同盟関係である。中でも日米同盟は決定的重要性を持っている。歴史上、現在ほど、アメリカにとって日本の存在が重要になったことはなかったのではないだろうか。

バイデン大統領が最初に会見する海外首脳として菅前首相が選ばれたこと、米ブリンケン国務長官、オースティン国防長官が初外遊として来日し、日米2プラス2会談を実施したことなどが、それを示している。

米中敵対時代において、日本の地理的条件は決定的な意味を持っている。日本が米中のどちらにつくかは米中覇権争いの帰趨を決めるといっても過言ではない。万が一、日本が中国と結んだら、アメリカはアジアへの影響力を完全に失ってしまう。したがって、同盟国日本を大事にせざるを得ない。

逆説的であるが、日本はそういうバーゲニングパワーを発揮して、もっとアメリカに要求したらよい。たとえばドイツのようにアメリカとの核兵器シェアリングや、独自の航空機開発を認めるよう要求するなどもその一つである。「台湾有事があったら日本は中国の攻撃を受ける」という恐怖論があるが、万が一、そんな事態になったら、日本は中国の軍門に降るという選択肢もありうる。アメリカはニクソン・キッシンジャー時代、同盟国である日本を半ば裏切る形で米中国交回復を果たした。同様に日本にもアメリカの国益に沿わない選択肢もあるのだということをアメリカに意識させておく必要はある。

実際にどうするかはともかく、そんな選択肢もあることを、堂々とアメリカに突きつけたらよい。そうすれば日本は、もっとフリーに動ける範囲が広がっていくはずである。

半導体サプライチェーンの日本シフトに関しては、台湾のＴＳＭＣ（台湾積体電路製造）とソニーとの合弁による熊本工場建設が決定した。日本政府が総投資額８０００億円の半分４０００億円を補助すると伝えられているが、それは日本のコストが高いからである。しかし１ドル１２０～１３０円になれば、日本のコスト劣位は霧消するだろう。

アメリカが円安を歓迎するのは、国際競争力の面で、日本の脅威が薄れたからでもある。日本がアメリカ企業を凌駕していた頃と異なり、日本の貿易黒字はほぼゼロとなり、ドル余剰はなくなっている。

また航空機、スマートフォン、インターネットプラットフォームサービス、先端金融などの多くの戦略分野では、アメリカ企業が日本市場を支配している。それらの日本市場を独占しているアメリカ企業は円安の下でも容易に値上げできる。

他方、日本製品を輸入しているアメリカ企業は円安により、購入コストが低下する。唯一日米企業がアメリカ市場で競合する自動車も、大半の日本の自動車会社は現地生産化しており、アメリカ企業に不利には働かない。日本を痛めつける円高は、アメリカにとってても実はメリットではなくなっているのだ。

対中圧力に不可欠な日米同盟が円安を後押し

中国を牽制し自己変革の圧力をかけ続けるためには、その隣国の日本のプレゼンスを高めることが必要だ。長期経済停滞によって日本が漂流し始めれば、東アジアは大きく不安定化する。日本経済の浮上が、覇権国アメリカにとっても重要になってくる。

それは異常な円高再現の可能性を一段と低くする。かつて世界の貿易黒字を一手に集め、強大な競争力を誇ってきた日本のプレゼンスは大きく低下し、世界の経常黒字順位では日本は中国、ドイツ、主要石油輸出国に追随する立場でしかない。日本封じ込めを目的とした「安保・瓶の蓋論」は完全に終焉した。長期にわたる日本経済繁栄のカギを握る地政学要因、東アジア情勢の変化と覇権国アメリカのパワーゲームの風は、20年ぶりに日本に好都合の方向に吹き始めている。それは超円高を転換させる最も大きな力となる。

日本経済がデフレ、長期停滞から本当に脱出するチャンスが巡ってきているのは明らかである。日本はこのチャンスをものにできるだろうか。それは国民と政治の選択にかかっている。日本は数十年に一度の政治レジームの転換点に立っている。日米同盟の再構築は、近代日本が三度目の飛躍をする好機となるだろう。

第3章

アメリカ経済
スーパーパワー復活の秘密

アメリカの企業に空前の余力が生まれた

現在のアメリカ経済の最大の特徴は、企業部門に空前の余力が発生していることである。2008年のリーマンショックでダメージを被ったアメリカ経済は、2010年にはすでに過去最低の労働分配率（企業利益のうち労働者に還元された割合）、過去最高の企業部門の資金余剰を生み出した。

空前の技術革新と旺盛なイノベーションによって、生産性が高まり労働分配率が長期的に低下し続けている。企業コストが異常なほど抑制されているのである。産業の牽引役が大規模の設備を必要とした製造業からサイバー関連にシフトし設備投資の重要性が低下したこと、設備の値段が安くなり前ほど金がかからなくなったことなどにより、設備投資の増加がマイルドな時代に入っている。しかし企業の収益は好調でキャッシュフローは大幅に増加するので、フリーキャッシュフロー（企業の資金余剰）は過去最大規模に膨れ上がっている。

企業家に自信が戻りさえすれば雇用拡大や前向きの資金使用（新規設備投資・企業買収・

自社株買い・配当増加）をジャンプ・スタートできる状況にあることを示している。アメリカ企業業績の驚異的な伸びを背景に、企業部門の空前の資金余剰はM＆Aや自社株買い、増配となって株式市場に流入している。こうした企業業績と需給の両面もあって、アメリカの株高環境はまったく損なわれていないと言える。

勝ち続けるアメリカの源泉は思考の柔軟性

日本のバブルが崩壊した直後の1993年、私は『アメリカ　蘇生する資本主義』という本を書いた。当時はアメリカ経済の先行きの方が日本よりも危ぶまれていた時期である。世論の趨勢は口を揃えて「アメリカの衰退」であった。

しかし私は、「これからアメリカ経済は上向く」と主張したのである。このときの予想をはるかに超えて、アメリカはよくなった。

そして2013年には『超金融緩和の時代』という本を書いた。世間では「量的緩和（QE）は一時的な苦し紛れの政策で、いずれカンフル剤として効かなくなる」という声が大きかったが、私は「新しいレジームが始まったので、量的緩和は終わらない、出口論は間違い」と訴えた。アメリカにも「QEが新しい金融レジームだ」を唱える学者やエコノミストはほとんどいなかったが、現実は私の予想通りQEが定着した。

2007年の拙著『新帝国主義論』もアメリカ経済の先行きを予測した一冊である。ちょうどリーマンショックが起きる少し前の出版で株価が暴落し、「アメリカはこれから明るい時代が続く」という私の主張は「大外れ！」と指弾された。しかし、「アメリカの繁栄が続く」という考え方は基本的には間違っていなかった。リーマンショックは一時的なもので、それが長期にわたって経済をだめにするとか、長期的成長を屈折させるとはまったく考えていなかった。株価の推移を辿るとニューヨークダウ工業株は2007年10月の高値1万4164ドルから2009年3月安値6547ドルまで54％の大暴落となったが、4年後の2013年には高値を奪回した。その後も米国経済の繁栄を株価が先導し続けたのは、今や歴史的事実である。バブルとは持続不可能な水準まで株価が上がり暴落をしたまま低迷するということである。株高が持続不能ではなかったということは、リーマンショックは決して「バブル崩壊」ではなかったのである。

図表3-1の「NYダウ工業指数の推移」は120年間のアメリカの株価を示したものだが、これを見ればアメリカ経済が、一時的躓《つまず》きはあっても長期的に繁栄してきた大勢がわ

図表3-1　NYダウ工業株指数の推移と貨幣創造･金価格上昇の関係

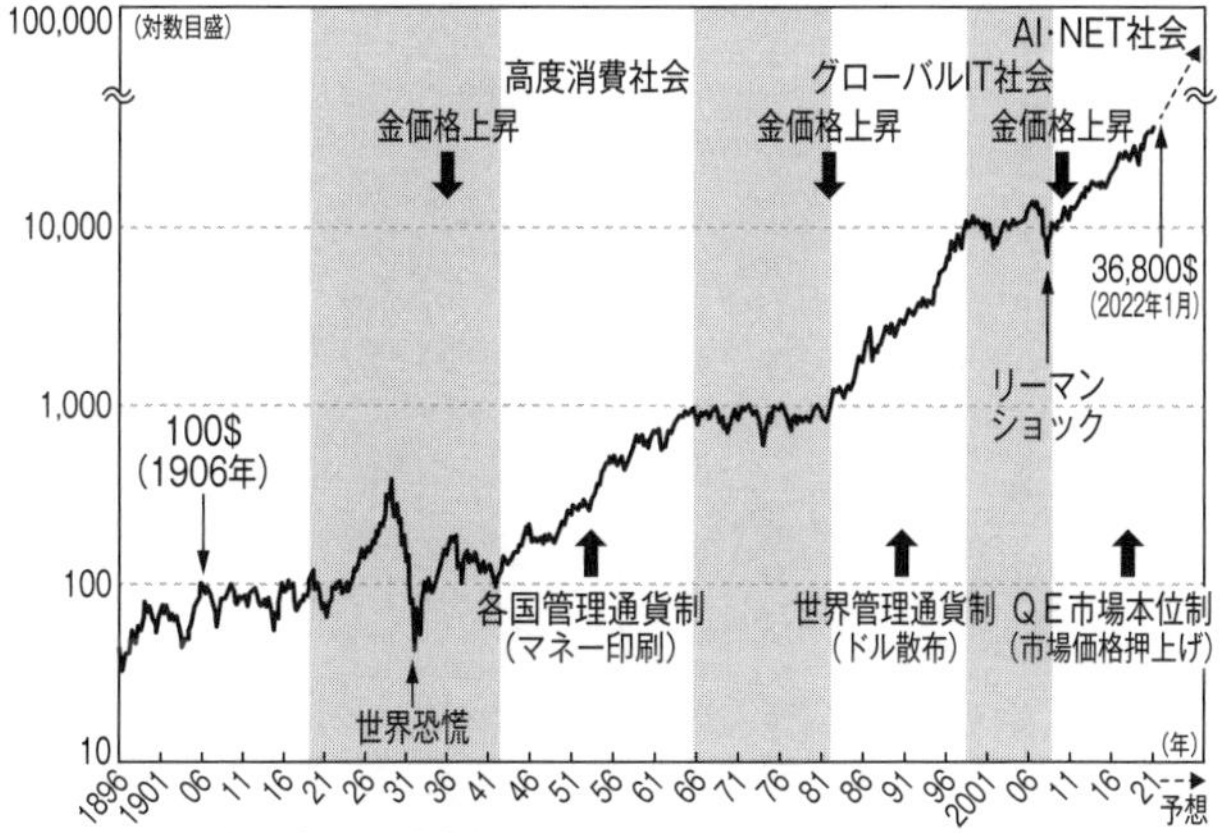

注：データは1896年5月末より月末終値ベース
出所：djaverages.com、ブルームバーグ、武者リサーチ
折れ線グラフは120年間のＮＹ工業株の推移。1900年代初めを100とすると2022年初頭には368倍の成長を見せ、株価３万6800ドルをつけた。折れ線の上にある「金価格上昇」と“経済構造の進展”、および下にある「貨幣管理の仕組みに変化」の要因を加味すると、アメリカ経済が繁栄と挫折を経ながら、アメリカ経済が長期的に繁栄を続けてきたかが見て取れる。

かる。対数目盛なので斜線の傾きが伸び率を示しているが、１９２１年代を基準としたら、２０２２年初頭、３万６８００ドルをつけた株価は、実に３６８倍（年率６％）の成長を見せている。

アメリカは１９００年代初めに世界の覇権国になったが、その繁栄はここ１００年ずっと続いてきたのである。この「アメリカの覇権がずっと続く」というのが『新帝国主義論』の趣旨であり、一貫して主張してきたことである。

リーマンショックはなぜ起こったか

アメリカの繁栄は、短期的な株価（図表3−2「主要株価指数の推移」）でもわかる。上図がコロナショック以降、下図がリーマンショック以降の株価推移だが、下図のリーマンショック以降、アメリカの株価（SP500指数）は7倍の上昇を遂げている。リーマンショック前の2007年10月の高値と比べても3倍の上昇である。

リーマンショックのときには、世間中が「終わりだ、大恐慌だ」と大騒ぎしたが、日本では私だけがそれに反対した。当時人気絶頂の同志社大学大学院教授の浜矩子氏は、2010年のリーマンショック直後の文藝春秋「日本の論点」で、「危機は何度でもやってくる。アメリカの過剰消費が続けば恐慌は無限にループする」と題して、「アメリカ経済がこのまま復活するのが一番怖い」と語っている。リーマンショックという金融大激震の原因は「アメリカがカネを借りすぎ、使いすぎ、回しすぎること」にあり、それが「地球的に大きな不均衡をもたらし、アメリカ経済の大赤字不均衡が是正されなければ、地球経済は恐慌の無限ループから脱却できない」というのである。

図表3-2　主要株価指数の推移

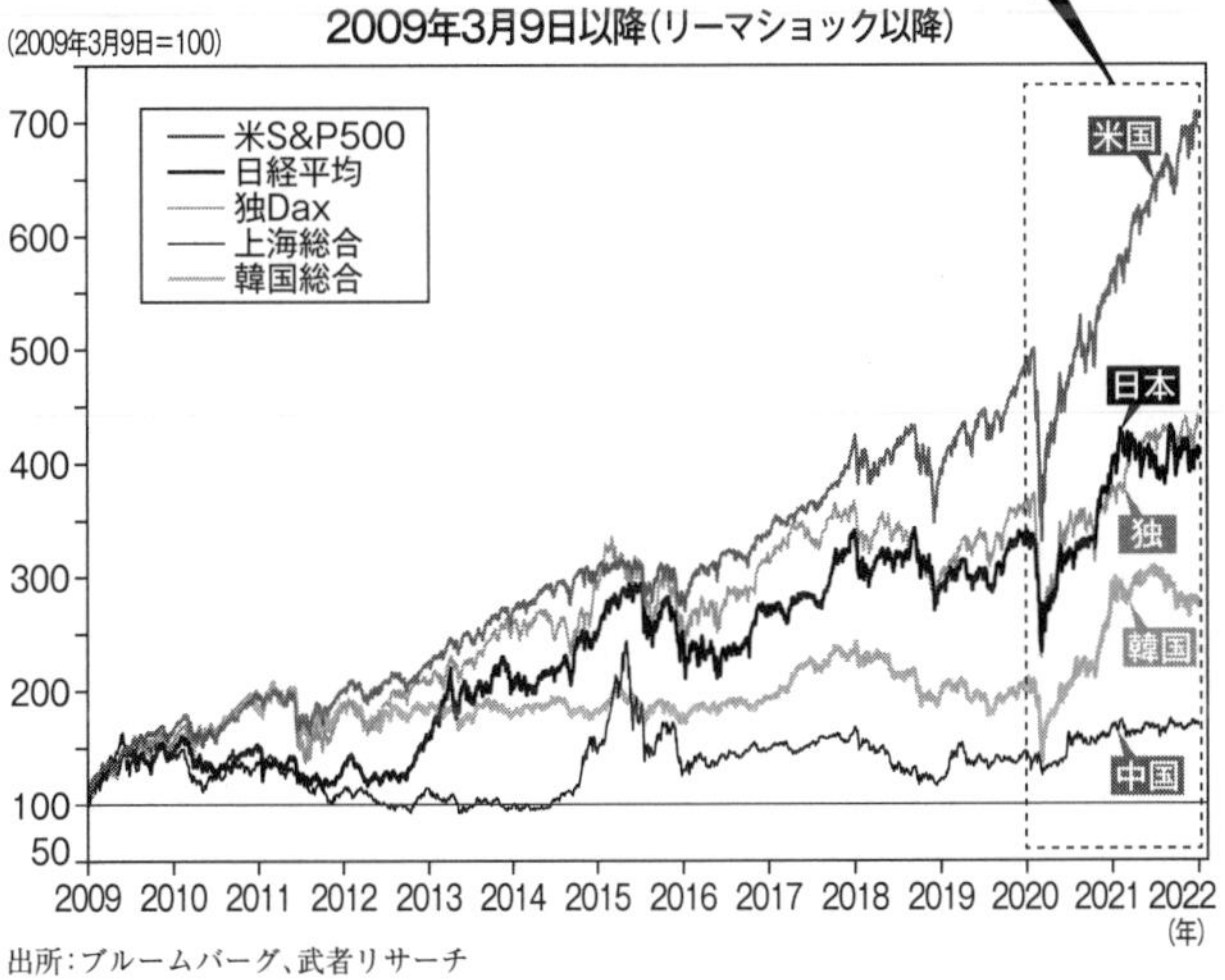

出所:ブルームバーグ、武者リサーチ

これに対して私は「危機は去った。アメリカ主導の世界経済は無事回復する」と主張した。当時の世論は圧倒的に浜氏の見方に賛同したが、私は自分の分析に自信があった。それはリーマンショックというものの本質を見ていたからである。

ではリーマンショックは、なぜ起こったのか? それは人間の〝手放し楽観論〟のなせる技である。基本的に人間には先行きを楽観的に見たいという願望があり、それが株価を投機的に上昇させる。そのツケが回ったのがリーマンショックだが、それ自体は金融や経済そのものを破壊するものではなかった。

リーマンショックの場合は、当時流行っていたデリバティブ(金融派生商品)に大きな落とし穴があり、それがマイナスのスパイラルにつながってしまった。

詳しく説明すると、「サブプライム住宅ローン」というものがあった。「ニンジャローン」とも呼ばれる投機的なローンが蔓延した。No Income No Job & Asset ——つまり失業していて収入がなく借り入れの担保資産がなくても借金して家を買えば、家の値上がりで借金返済ができるという仕組み。そんな〝危険な罠〟が蔓延して、返済能力のない人たちまで巻き込んでしまったのである。2000年代半ば、当時のブッシュ2世の政権は、皆が富の所有者になれるというオーナーシップソサエティを作ろうと旗を掲げていた。個人が資金の貯蓄・運用で富を形成し、個々人が政府に頼らなくても自分の力で未来を築くという構想だ。「借金をして住宅を取得することが国家繁栄の礎《いしずえ》を作る」として奨励した。

その流れに乗って、多くが、「借家に住むより持ち家」という気分になった。ここで使われた住宅ローンが「サブプライム住宅ローン」。返済能力が疑わしくても、その分金利を高くして貸し出すという仕組みである。

しかし、景気が好調ならまだしも、不況のあおりを受けて生活につまずいたりすると、たちまち返済不能になる。つまり極めてリスクが高い商品なのだ。高リスクだから金利が高い。したがって貸す側からすれば、リターンの高い金融商品が組成できる。投資銀行は、そんな金融商品を世界中に売りまくったが、それを単独で売るのではなく、様々な金融商品を複合的に組み込む証券化商品として売り込んだ。それらの証券化商品は例えて言えば「毒まんじゅう」のようなものであり、ほんのわずかでもサブプライムローンが組み込まれていれば、みんなが敬遠して買い手がいなくなり、市場価格が本来の価値を超えて、大暴落するということが頻発した。

そこに、折悪《あ》しくもＢＩＳ（国際決済銀行）の決定により「時価会計」が導入された。銀行は保有有価証券を時価で評価するように求められ、買い手がいないために本来の価値からかけ離れて一時的に暴落している資産を保有しているだけで大幅な損失を計上しなければならなくなった。すると銀行はＢＩＳが定める会計基準が満たせず「資本不足」に陥り、貸出資金を回収しなければならなくなる。こうして起こった証券化商品の売りの連鎖が、信用の著しい収縮を引き起こした。

つまり、本来起こるはずのない形で起こった金融収縮で実態以上に資産価格が暴落し、株もそれにつれて暴落をした。私は事態をそのように理解していたので、「この株価下落は実態にそぐわない。いわば市場の恐怖心が招いた結果の価格なので、今後、正しい政策によって手当てすることが可能」と主張したのである。

その後、住宅価格も安定化し、暴落した資産価格も元に戻り、多くの銀行や企業の損失は消えてしまっている。リーマンショック後の経済危機に対応して総額７０００億ドルの公的資金（Troubled Asset Relief Program）が投入されたがその資金は２０１５年にはすべて回収された。買い手がつかずに大暴落した商品を大量に購入し、破綻寸前の生命保険会社ＡＩＧを救済するなどの危機対応政策は成功したのである。実は資産価値は毀損《きそん》されてなかったのだが、信用を取り戻すまでの間、一時的に「見せ金」が必要だったのだ。やがてアメリカ経済はＶ字回復の軌道に入った。

ＱＥ（量的緩和）が信用創造に結びつく

ＦＲＢは、アメリカ経済の体自体は健康で、人間で言えば血液がショックを受けて流れが止まってしまっただけだと考えた。それなら、しばらくの間人工心臓で血液を回そう、ショックが終われば心臓は健全に戻り、血液の循環が良くなれば体は平常に戻ると判断したのである。「１００年に一度の危機」などと叫ばれると、もう満身創痍だと思ってしまいがちだが、ＦＲＢの考え方が正しかった。量的金融緩和（ＱＥ）に関しても、それと同じことがいえる。

では、量的金融緩和が、どんな効果を生むのだろうか。量的金融緩和とは一言でいえば、中央銀行が市中の資産を買い取って資金を提供し、景気刺激を狙うものである。

これまでの中央銀行の金融政策は、金利政策で行われていた。中央銀行が「公定歩合」やＦＦ金利という政策金利を使って銀行を操作し、市中の「信用」をコントロールする政策である。

つまり中央銀行が銀行に貸すときの金利を下げれば、銀行は中央銀行から安い金利で資金を調達でき、取引先にその資金を貸し出しやすくなる。金利を上げれば、貸し出しにくくなる。つまり中央銀行が金利を変化させれば、市中銀行を通して、その何倍もの信用が増えたり減ったりする。これが金利による信用創造のメカニズムである。

ところがこれには問題がある。ひとつは、現在のように銀行からの借り手がいなくなってしまうと、いくら金利を下げても銀行からその先に資金が流れない。つまり信用創造をしようとしてもできなくなってしまうこと。

ふたつ目は、現在のように政策金利がゼロになっている時代には、これ以上金利を下げることはできない。ゼロ金利下では、銀行を使ってその先の信用創造をコントロールすることはできなくなる。

ではどうするか？　そこで取られたのが「金利政策ではなく量的緩和政策が必要だ」という選択肢である。

リーマンショック以降、ＦＲＢはそれまで８０００億ドルほどだった総資産を５倍の４兆ドル以上に膨らませた。一言でいえば以前の何倍ものペースで輪転機を回してお札を刷りまくり、市中にばらまいた。その結果、株価が上がって住宅が高くなり、景気はよくなった。

どういう方法であれ、市場における信用創造を増やしたり抑制したりするという、コントロールをするのが中央銀行の役割である。従来の「銀行貸し出し」から「資産価格」へと、信用を膨張させたり収縮させたりするチャンネルが変わったということである。リーマンショックは、資産価格の下落という大きな信用収縮を引き起こしたので、その対応策として、FRBが直接市場に実弾を投入して、暴落している金融資産、いわゆる住宅ローン債権やモゲージ（不動産を担保にしたローン）、アメリカ国債などを大量に購入した。

頭の固いエコノミストはこれを「禁じ手」だと非難した。

しかし、それ以外にどんな手立てがあったのだろうか。明らかに実態を超えた異常な価格下落が起き、経済が麻痺しているときに、それをどうやって押し上げるのか……、買い手がいないのなら、中央銀行や政府が買うしかない。そこで中央銀行が買いに入ったのだ。ただ、金利政策で市中の信用を操作するのに比べ、中央銀行が自ら市場に介入し、暴落している資産価格を押し上げるのは容易ではない。巨大な実弾が必要になる。そこでバランスシートを5倍に増やすことに踏み込んだ。そうしないと、資産価格を狙った通りに押し上げる力を持てないのだ。中央銀行の実弾を目の当たりにすると、それまで売りに回っていた人たちは、「中央銀行が買いに入ったからもう売れないな」となって、大暴落した資産価格も正常化してきた。量的金融緩和は、リーマンショック後の、実態以上に暴落した資産価格を押し上げるのに決定的な役割を果たしたのである。

資産価格が信用をコントロールする時代に

ここで得られた教訓は、「新しい金融の時代」がやってきたということである。銀行の資金貸し出しで市場の信用をコントロールできる時代は終わり、市場の資産価格そのものが信用の拡大収縮そのものになるのだという、新しい現実である。中央銀行が市場の資産価格をコントロールするために、バランスシートを膨らませ、市場における最も強力なプレイヤーとして入っていく……これが量的金融緩和である。

銀行の貸し出しは、もはや脇役になってしまった。アメリカの企業債務に占める銀行の借り入れ比率は、40年前には40％強であったが、現在は10％強である。つまり、もう企業は銀行から融資を受けていないのである。

ただ、バランスシートを膨らませるには、輪転機を回してドルを大量に刷ればいいのだが、それはインフレを引き起こす要因になる。そこで、インフレが起きる環境かどうかの見極めが大事になる。

金融緩和の遅れが円高をもたらした

日本のQE政策は、アメリカからずいぶん遅れた。アメリカ（FRB）と日銀とヨーロッパのECB（ヨーロッパ中央銀行）のバランスシートの推移を見ると、アメリカは2009年、この政策で一気に5倍に純資産を増やしたが、日本が本気でインフレ目標を掲げてQEに踏み出したのは、アベノミクスの開始により、黒田氏が日銀総裁になった2013年であった。この間の金融緩和の遅れが大幅な円高を引き起こし、リーマンショック後の日本の経済と株高回復を遅れさせた。2011年3月の東日本大震災でリパトリエーション（海外から本国への資金環流）が起き、円が史上最高の76円まで急騰した。これに対応して、G7は円高阻止の為替協調介入を実施してくれた。それにもかかわらず白川総裁が率いる日銀は金融緩和に消極的で、円高修正ができず、エルピーダメモリーの破たんなど、日本の半導体産業の壊滅的困難を招いてしまった。

アメリカがQE政策で立ち直ったのを見て、日本も後を追おうと考えてもよかったはずなのだが、そうはしなかった。というのは、根本的政策スタンスの違いがあったからだ。アメリカのマインドは「消費は美徳」、日本は「倹約は美徳、貯蓄は美徳」だからである。日本人は量的緩和策で消費を喚起し、経済を回そうという発想にならなかった。白川氏は「信用創造による需要創造は将来需要の先喰いで不健全だ」と信じていた。

劇的な生産力向上が失業と金余りを生んだ

人類は産業革命以後、劇的な生産力向上を果たしてきたことはすでに述べたが、いまはそれがますます加速している状態である。不断のイノベーションが次々に新しいシステム、サービスをもたらし人々の生活を豊かにし、新たなビジネスチャンスを引き起こしている。たとえば音楽を楽しむにも、昔は料金がかかったが、いまはほとんど無料。写真や動画も同じ。劇的な生産性上昇の結果、さまざまな便益が驚くほど安くなった。

生産性向上により経済活動に必要な労働力投入が減ることで失業の増加（＝雇用の余剰）がもたらされたことはすでに述べたが、必要な資本の投入も減らしていく。例えばコンピューターの値段が10年間で10分の1になったことでもわかるように、設備価格が飛躍的に安くなっていくからである。同じ効果をもたらす労働が10分の1でよくなったのと同じように、資本も10分の1でよくなる。技術革新によって労働の投入が節約できることは説明するまでもないが、資本も同様に節約できるようになったことは重要である。現在のコンピューターネットワークやＡＩなどの技術のもとで、資本の効率性は劇的に高まる。以前は１００億円をかけた設備がいまは10億円で買える時代。これが基本的に金余りの原因である。つまり、失業の増加と金利の低下は、同じ技術の発展という要因によってもたらされた結果だと考えられる。

生産性向上の波は加速するばかりである。もう20年もすれば、工場や農場から人が消えるだろう。ロボットが代行してくれるので、人間の筋肉労働は必要がなくなる。すると人間は何をすればよいのか。人間として必要な機能は頭脳と目と耳と鼻と口だけで、筋肉は不要になる。でもそれでは困るので、新しい需要として台頭するのがスポーツ、フィットネスなどの分野であろう。

つまり、いま起きているさまざまな人間の欲求の充足は、使い道のなくなった人間の身体的機能を活かすという側面もある。そういう形で新しい需要がどんどん膨らんでいくはずなので、需要がなくなることは決してない。

なぜアメリカだけがイノベーションを起こせるのか？

いうまでもなく、アメリカはこうした新しい需要に気づいている国である。世界一の経済力を持ちながら、絶えずイノベーションを起こせる国である。なぜアメリカがそういう国でいられるのか。まず世界有数の大学があって世界の頭脳が集まるという側面もある。また企業家精神を持った人々が絶えずコミュニケーションを交わしながら弾力的にチームをつくり起業するというエコシステム（生態系）もある。シリコンバレーはそうした智慧の集積地になっている。

『アメリカ　蘇生する資本主義』（1993年）の中で、「アメリカは必ず立ち直り、世界最強の経済大国として復活する」と主張した。

なぜ私がそう見たのか、それは当時のアメリカの価値創造のメカニズムに大きな可能性を感じたからである。当時自動車産業や鉄鋼業などの重厚長大産業は日本との競争に敗れ、企業収益は大きく落ち込んでいた。

しかしそれに代わって、情報技術やインターネット関連のニュービジネスが勃興していった。アップル、マイクロソフト、シスコシステムズ、インテル、オラクルなど、その後の時代をリードする企業群である。それらの企業はマイクロソフトを除いてシリコンバレーの住人であった。

次いで訪れたインターネットとスマートフォンの時代にグーグル、アップル、アマゾンそしてフェイスブック（現在のメタ）がリーディングカンパニーとなったが、アップルを除き、いずれの会社も当時は存在していなかった。１９９０年代の創業から20年も経たないうちにＩＴ産業における主導企業が入れ替わっており、トップを走るのは生まれたばかりの若い企業であることが多かった。

アメリカ経済が必ず蘇ると私が確信を持ったのは、こうした企業の活力を現地で実感したからである。

アメリカのみ労働人口が増加する

アメリカの強みは、他にもある。中長期展開力を支える第一のものは人口動態である。国連による世界の労働人口（15歳から65歳まで）の推移についてのデータがある。それによると中国、欧州、韓国、日本では２０１５年をピークに低下していくと予測されているが、一定の工業水準に達している国で、長期にわたり労働人口が増加すると予測されているのは、アメリカだけである。

労働人口の増大に加えて効率的な労働市場も、イノベーションと活力ある経済活動の源泉となっている。。経済成長率と失業率には強い相関係があるが、アメリカの労働市場は世界で最も弾力的である。景気が少しでも悪くなるとすぐにレイオフで雇用が調整され、回復すると求人が活発になる。労働の効率性は、市場経済における重要な均衡回復のエネルギーだ。だからこそ、アメリカは、最も創造的破壊が迅速に行われる国であるともいえる。

こうした労働市場の弾力性は、産業の新陳代謝と結びつく。だからアメリカの産業界では、常にニューカマー（新規参入者）が生まれてくるのだ。

また、若い世代が経済をリードする勢いを持ち続けているのもアメリカだけである。世界最大の軍事大国、覇権大国であると同時に、経済超大国としても依然として抜きん出た存在であることは間違いない。

「第七大陸」に新しい価値創造を切り開くアメリカ

リアルな経済圏と異なるバーチャル経済圏を、私は「第七大陸」と呼ぶ。地球上に存在する六大陸に続く七番目の大陸、つまりサイバー大陸であり、誰でもどこからでもネットにアクセスするだけで、その大陸の住人になれるのである。この第七大陸が今や最大のイノベーションの拠点であり、ビジネスチャンスの宝庫であることは言を俟《ま》たない。

この第七大陸を支配しているのがアメリカの企業群である。この大陸に上陸するためには、アメリカのインターネット・プラットフォーマーを経由しなければならない。そしてそこで活動するためには、彼らに〝テラ銭〟を払わなければならない。使われる言語は、原則的に英語である。この大陸を独占するアメリカ企業の経済的利益は計り知れない。

しかもこれは、アメリカの「ドル覇権」につながる。第七大陸でアメリカが他国を圧倒するパワーを持つのは、デジタル分野の圧倒的競争力に加えて、グローバル化により経済の国境を取り除いてきたためでもある。アメリカ企業は１９７０年代から多国籍化し、海外生産し、アメリカの人々は多くの製品を海外から買うようになった。アメリカは世界中の国々に巨大なマーケットを提供している。

かつてはアメリカ人が消費する財（＝製造業製品）の殆どは国内生産であった。国内生産比率を振り返ると１９６０年代には90％であったものが、１９７０年代に70％、１９８０年代から１９９０年代にかけてアジアからの輸入が急増し２０００年には国産比率は40％に落ち込み、２０１０年以降は20％にまで低下した。アジアからの輸入とは、最初は日本から、次いで韓国、台湾などのアジアＮＩＥＳから、そして中国からと展開されていった。これは米国製造業の空洞化の過程であり、グローバル化（多国籍化）の過程でもあったが、巨額の輸入によりアメリカの貿易赤字が増加する過程でもあった。

１９８０年代から「アメリカの経常収支赤字」が問題にされてきたが、それは海外からたくさんものを買ったことで膨れ上がったものである。この赤字が大きすぎてアメリカ経

図表3-3　米国の輸出比率と輸入依存度の推移

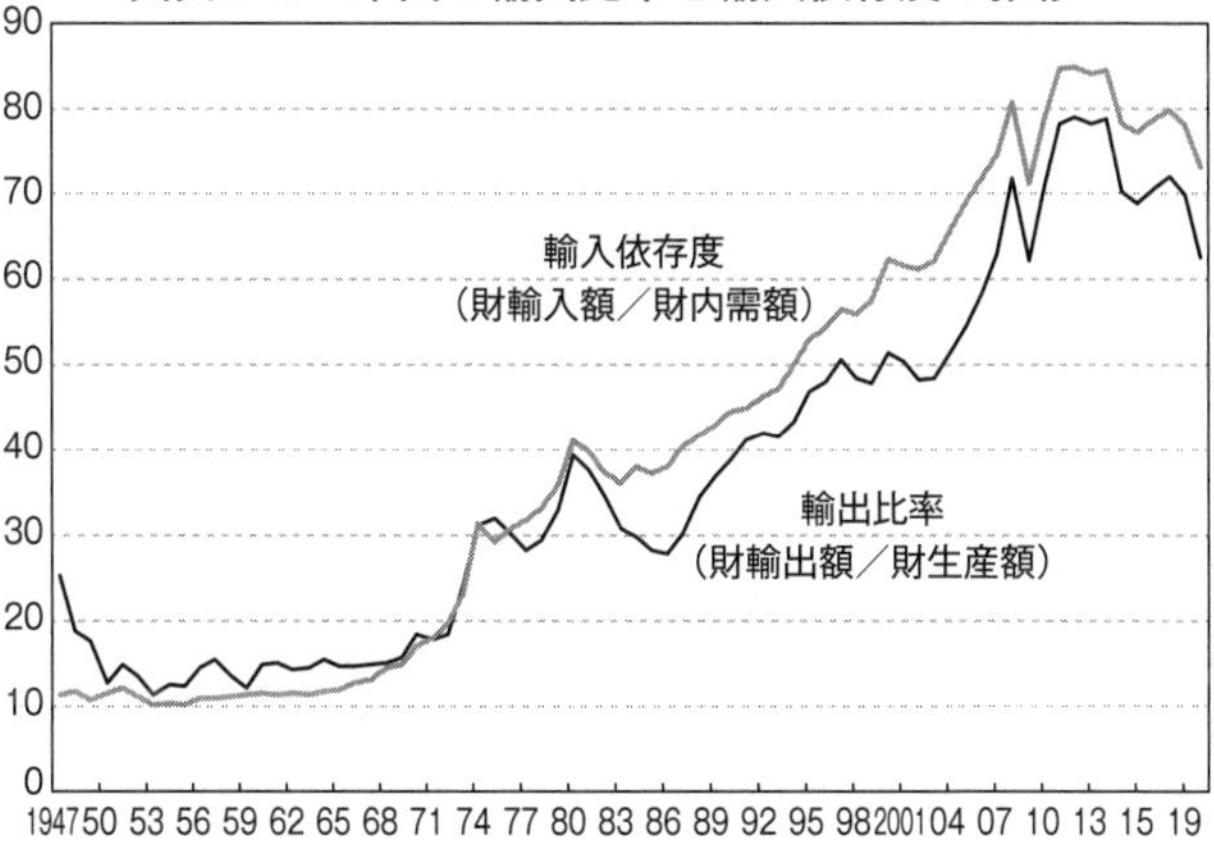

注：財生産額=製造業付加価値額、財内需額=製造業付加価値額+財輸入額-財輸出額
出所：米国商務省、武者リサーチ

済は維持可能ではないという議論がなされ、ドル不安が高まったのが1985年のプラザ合意である。その時の米国の対外経常赤字の対GDP比は3・4%、今から振り返るとだいぶ低いものであった。米国の製造業の海外依存はその後さらに高まり、ピークの2006年には5・8%に達したわけだから、今から振り返ると、当時のアメリカの対外赤字問題は、それほど大変なことではなかったのである。

アメリカは第二次世界大戦後、基軸通貨国になり世界中にドルをばらまいたが、それは海外からの巨額な輸入代金の支払いという形でなされた。アジア諸国をはじめ海外はこのドル資金を使って急成長し、経済の離陸を成し遂げたのであり、それがグローバリゼーションの実態である。

アメリカはドルを海外からものを輸入することでばらまく一方、貿易相手国に対しては「アメリカと同じようにものを買え」と貿易障壁の撤廃を推進し、経済のグローバル化を推し進めていった。アメリカ企業もグローバルなビジネス拠点を多数展開し、多国籍化を進めていった。

こうしてアメリカは世界標準を確立したが、それが第七大陸における覇者としての土台になったという歴史的事実は、十分にかみしめるべきことである。アメリカはドルを支配し、最強のビジネスフィールドである第七大陸を押さえ著しい経済力を確立している。こうした新しい価値創造の仕組みを持っているのはアメリカだけである。

中国の台頭とアメリカ覇権の衰弱等と、地政学や政治の観点から、アメリカの地位の低下を強調する議論が多いが、第七大陸で確立しているアメリカの恐るべき経済力の強さは、著しく過小評価されている。

債務問題はアメリカの成長を妨げない

そうした過小評価の一例が、アメリカの債務問題の過大視である。

アメリカの対外経常赤字のＧＤＰに対する比率は２００６年５・８％に達したと説明したが、対外経常赤字はその後急減し２０１０年代からは２％から３％台で推移している。この対外赤字比率の低下が、２０１１年をボトムに長期的ドル安がドル高に転換した背景である。

ではなぜアメリカの経常赤字が改善してきたのだろうか。それは先に見た第七大陸におけるアメリカの支配力がものを言っていると見てよい。というのは、２００６年の経常収支はマイナス８０６０億ドルだったのが、２０１９年にはマイナス４９８４億ドルとほぼ半減した。その一方で金融・知的所有権料、ビジネスサービスなどのサービス収支の黒字額が、06年の７５６億ドルから19年には２４９８億ドルと３・３倍増となっている。また直接投資、証券投資などの第一次所得収支の黒字も、06年２６９億ドルから19年２５７０億ドルと約10倍増である。

図表3-4　米国経常収支と対GDP比推移

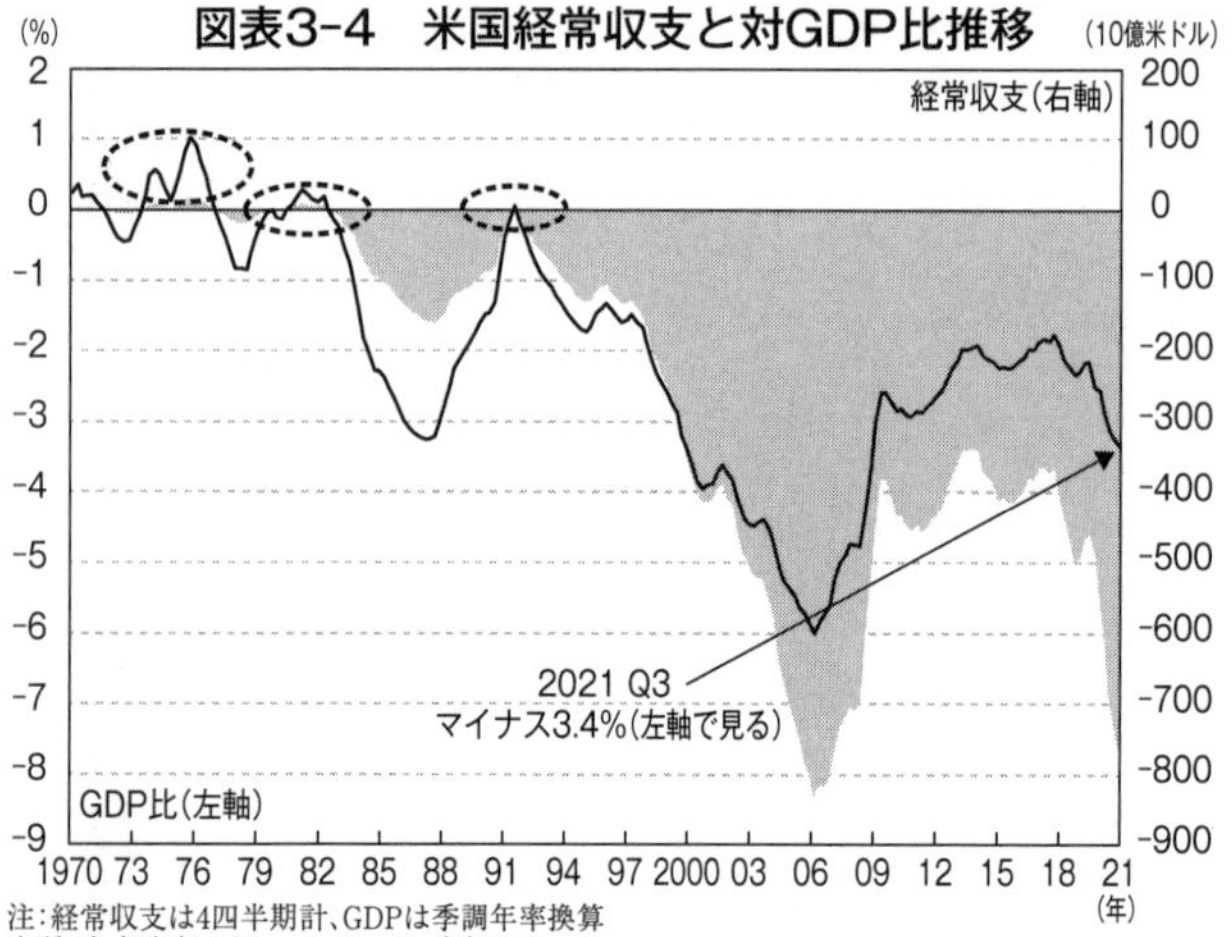

注:経常収支は4四半期計、GDPは季調年率換算
出所:米商務省、ブルームバーグ、武者リサーチ

反対に貿易収支は06年マイナス８３７３億ドル、19年マイナス８６６２億ドルと、あまり増えていない。コロナ禍の下での一時的輸入増があり２０２１年の貿易赤字は増加しそうであるが、アメリカの製造業製品の対外依存度はピークアウトしているので長期的に貿易赤字が増加することはないだろう。しかし、サービス収支と第一次所得収支の黒字合計額が増加を続けるはずである。となるとアメリカの対外債務問題は大きく改善されていくと考えられる。

それにしても、なぜ２００６年以降アメリカのサービス収支、一時所得収支の黒字が増えてきたかと言えば、それは第七大陸での覇権がもたらしたものと総括できる。最初は輸

図表3-5　米国経常収支、貿易収支、サービス＋一次所得収支の推移と予想

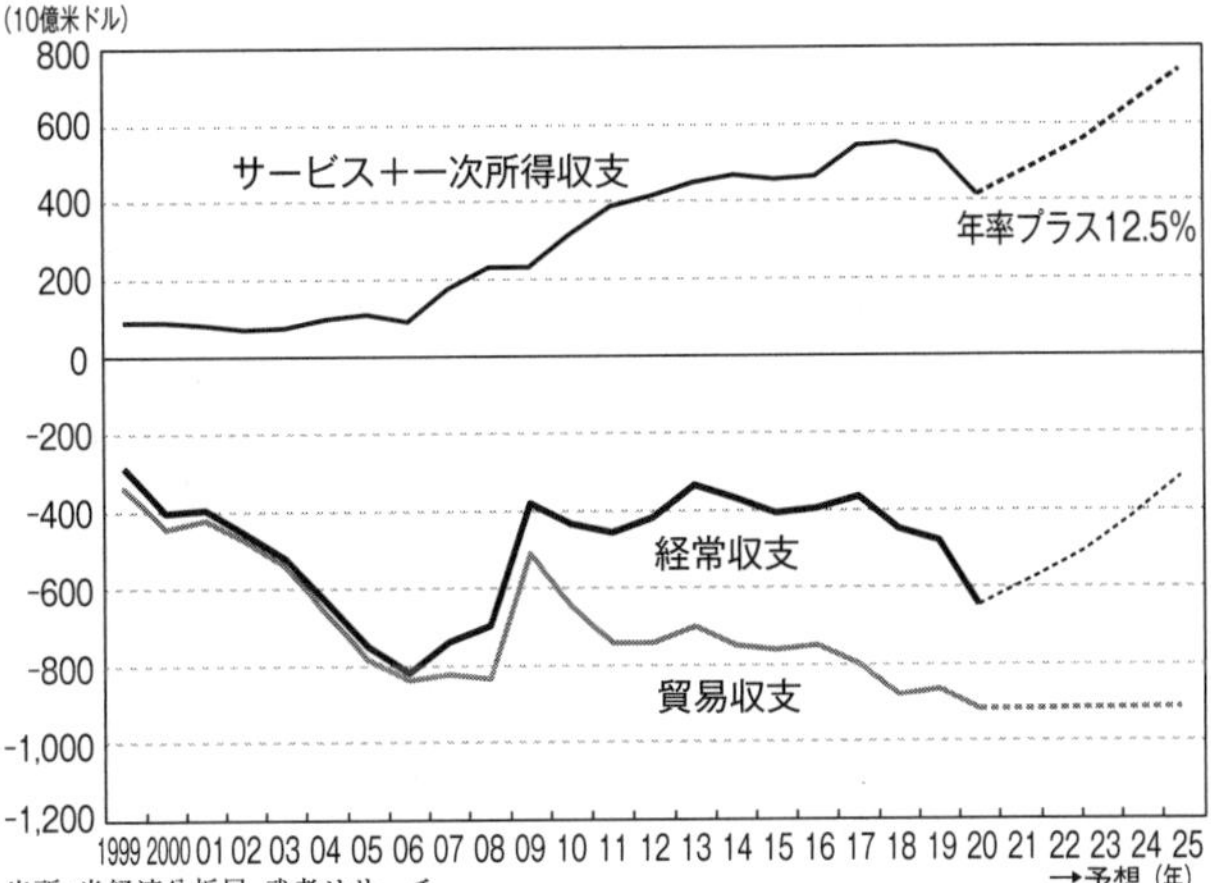

出所：米経済分析局、武者リサーチ

入を増加させて各国の通商障壁を下げ、第七大陸を支配することで世界を丸ごと自らのビジネステリトリーに包摂するという、恐るべき展開となっている。

こうしたことからアメリカの経常収支の赤字が減少すれば、ドルが世界に散らばることが少なくなり、供給が止まって需給がタイトになり、ドル高を引き起こすようになるかもしれない。すると不足するドルを求めて、世界中からアメリカの中央銀行、市中銀行、企業、投資家などに投資や融資などの要請が続出するはずである。そうした多様な形でのドル提供が増えていけば、アメリカの金融による世界支配がさらに進行すると考えられる。

このようにアメリカの債務問題を詳しく見

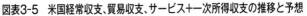

ていくと、多くの専門家、学者、メディア、投資家たちの「アメリカ債務懸念」は、まさに〝一知半解〟と言えるのではないだろうか。

アメリカは、日本や成長著しい中国と比べても、いまだに格段の活力に富む経済大国であり、その地位はまったく揺るぎないものであることは確かである。

以上のような実体経済に加えて、アメリカの金融の健全性が、先進国中では突出したアメリカの好調さを支えている。先進国の中で健全な資金循環が維持されているのはアメリカのみである。日欧では巨額の余剰貯蓄が国債市場に滞留しマイナス金利を引き起こしている。それは需要創造を阻害するだけでなく、長短金利差（＝銀行の利ザヤ）をなくすことで銀行の収益力を破壊し、銀行のリスク提供機能を奪っている。

ただアメリカだけは例外的に資本循環が維持されていて、長期金利が高く銀行の利ザヤとなる長期と短期の金利差は十分に確保され、銀行株式も日欧に比べて高水準を維持している。日本やEU諸国のように国債市場が余剰資本を吸収し、金融循環がそこで停止するといったことは起きていない。

それではなぜアメリカだけが、資金の循環が維持され、金融市場が健全なのだろうか。それはアメリカ企業が自社株買いと巨額配当により、利益のほとんどを株主に還元し、それを起点としてマネーの好循環が維持されているからである。

アメリカで進化を遂げつつある株式資本主義

アメリカの金融はここ10年程、急速に株式を中心とした仕組みへと変化してきた。日欧と比較して金融市場が健全性を保っているのはそのためである。そして株式を中心としたアメリカ金融の変化を考えると、アメリカの資本主義がいち早く新しい段階に進化しているのではないかという仮説にたどり着く。

第一に株式市場の役割が変わった。かつては株式市場、より広義には金融市場の役割は、家計の貯蓄を銀行が預金として受け入れ、銀行がそのお金を企業に貸し出すことで運用するという循環が主たるフローであった。ところが今の米国では企業の利益を株主に返す、その株主に返したお金がさまざまな経済循環の起点になる、ということが起こっている。

2015年から2020年までの6年間のアメリカの企業部門（金融を除く）の資金フローを見ると、利益合計が6・17兆ドル、これをどれほど株主に返還したのかと言うと配当で3・6兆ドル、自社株買いで2・5兆ドル、合計で6・14兆ドルを株主に返している。

驚くべきことに、アメリカの企業は儲けをまるまる株主に返しているのだ。株式市場はかつては企業が資金を調達する場だったが、今は企業が所得を株主に返す場になっているという、転倒現象が起こっている。この企業による自社株買い、あるいは株主還元が、大幅な株高をもたらして家計貯蓄を大幅に増加させている。

リーマンショック以降の米国における主体別株式累計投資額を見ると、この間の7倍という大幅な株高をもたらしたのは、唯一企業の自社株買いだけであったことがわかる。年金など機関投資家は大幅売り越し、家計もほぼサイドライン（横ばい）であった。米国家計保有の純財産額（資産マイナス債務）は、リーマンショック直後のボトム２００９年１Q（第1四半期）に56兆ドルであったものが、２０２１年2Qには１４１兆ドルと11年で85兆ドル増えた。85兆ドルというのは、アメリカのＧＤＰの4倍近い額であり、この巨額の資産増加が米国家計の強気な消費を可能にしたエンジンであった。このように資金循環の起点が自社株買いを通した株主還元から始まっているということが重要である。これは従来の株式資本主義のフレームワークからの逸脱である。

時価総額ポートフォリオが将来投資を決める

二つめに、将来を決める投資の推進力が大きく変わった。かつては銀行が融資ポートフォリオを通して将来の投資を決めていた。銀行家はこの企業、この経営者、この商品に将来性があるということで融資をすると、そこで投資が始まり好循環がひき起こされていた。しかし今や銀行の借金で投資をする時代ではなくなり、代わって株式の時価総額ポートフォリオによって将来投資が決められていく。株価が高い企業は自動的に資金力が強くなり、自動的に投資が可能になり、自動的に株価が描いている将来の成長を実現して行く、ということが起こっている。それが端的に表れているのが、例えば自動車産業である。今やテスラの株式時価総額は1兆ドルを超えトヨタの3倍となっている。これだけ時価総額が大きいテスラは、さまざまな形で資金調達を行い、縦横無尽に投資をする。強力な投資がさらにテスラを強くするということで、時価総額ポートフォリオが将来を作るというようなことが起こっている。GAFAM（Google、Apple、Facebook、Amazon、Microsoft）が次々に周辺ビジネスを買収してコングロマリット化しているのも、高株価による資金力が可能にしているといえる。

テスラが時価総額トップに躍り出た意味

時価総額は絶対とはいえないが、その時点において株式市場が判断する企業価値なので、無視することはできない。もちろん、バブル時のように急激に高騰して突然、大暴落ということもあるので、株価が常に普遍性を持っているともいえない。しかし、高水準が長く続く場合は、評価が高いといえる。

では高い株価はどこから来るのか。それは投資家のコンフィデンス（信用・信頼）。つまり、投資家が「何に納得するか」である。投資とは、投下した資金を将来、増やして戻してもらうものである。つまり投下した企業の、将来の成長性や展開力、実はこれはすべてフィクションの世界だから、投資家を「納得させるストーリー」が必要になる。

今の世界で最も説得力のあるストーリーは米国市場でのインターネットプラットフォームビジネスであり、テスラに見られるグリーン革命の担い手である。どれだけ投資家に説得力を持つかが、企業価値の源になるといっても過言でない。巨額に増加し続けるキャッシュフローを生み出す力は、それ自体が株高の要因である。しかしそのキャッシュフローが自社株買いという形で株式市場に再投資されれば、株価はさらに高まり、その高株価が資金力を強める。それはM＆Aや研究開発投資等さらなる成長の土台作りに役立つ。となれば、株価が企業経営の評価であり、将来の成功の条件にもなる。高株価を目指す経営が必須になる時代なのであり、その点でアメリカは世界を引き離している。

さらに、家計貯蓄は米国では主として株価上昇と配当によって増加してきた。日米の年金保険の準備金を除く家計金融資産の内訳を見ると、米国では72％が株式・投信であり、現預金は18・7％に過ぎない。配当と値上がり益が圧倒的に家計の資産形成に寄与してきたことは明らかである。ちなみに日本はそれとは真逆で、株式・投信の割合は２割以下、現預金が75％ということで、日本はアメリカの株式資本主義に比べるとだいぶ遅れているということが言える。

こうしたことの帰結として、アメリカの企業経営者は、何よりも株価によって評価されることになる。つまりアメリカでは株価中心の金融が定着しているのが現実なのである。

19世紀産業革命後のイギリスは、労働者が搾取され、階級対立が深刻化するというマルクスが描く古典的資本主義の時代であった。

しかし20世紀に入り米国では所有と経営が分離され、テクノクラートとしての経営者が登場した。また株主は少数の富裕者（資本家）から多数の零細資金を糾合した機関投資家が中心になった。株主の委託を受けた機関投資家が経営を監視するという、受託者責任の時代に入る。資本を持つ者と持たざる者の対立は影が薄くなった。

そして今、同一人物が労働者と株主（所有者）を兼ね備える時代となり、インターネットが資本の最適マッチングを果たすという、新たな時代に入っているようである。

資本主義にとって危険なアメリカ左派の政策

株は乱高下するリスクの高い資産である。これは貯蓄手段としては望ましくないという議論をする人がいる。また米国の株価はＰＢＲ（株価純資産倍率）が４倍と主要国の中では突出して高くなっている。さらに株式時価総額のＧＤＰに対する米国の比率は２４０％と過去の平均から大きく乖離している。このような尺度から見ると、米国株価がバブルに見えることは無理もない。ではこれがバブルで潰れるかどうか。

いったい何を見極めればいいのかというと、それは政策に尽きるだろう。これがバブルだ、危険だと認識し、株式中心の金融を抑制し禁止する政策をとれば、株価が暴落し大不況になり、結果として、これはバブルであったということになりかねない。

　そのようなことを主張しているのが、アメリカ民主党のエリザベス・ウォーレン議員など左派、いわゆるプログレッシヴと言われる人々である。彼らは自社株買いを抑制し、金融所得に増税をするという形などで株価中心の金融のあり方を変えようとしている。幸いなことにその議論はアメリカの政策当局も市場も多くのエコノミストも支持していない。したがって今のアメリカの株式中心の金融のあり方は存続し、結果として株高が正当化されるということが当面は続いている。もちろん株高を正当化するだけの企業における充分な価値創造もある。だから大丈夫なのだが、遠い将来この株式中心の金融のあり方を変えようとする政治的な動きが出てきた時には警戒をしなければいけないと思われる。

　またアメリカ企業は債務の増加（つまり高レバレッジ化）傾向があるが、これも株価本位の財務戦略の結果といえる。マクロ経済の観点では、企業の余剰が家計に還流することで、健全な資金循環が保たれており、アメリカ企業の株価本位政策は望ましいといえる。

　ただ、アメリカ企業の高レバレッジ体質は、次期の景気後退場面で金利上昇と企業収益悪化が起きたときの耐久力を損なうという意味でリスクに警戒も必要であろう。

第4章

米中覇権戦争で伸びるアメリカ、沈む中国

急変した世界の経済常識＝バイデンの大きな政府

アメリカはバイデン政権の登場で「大きな政府」への流れが確定した。各国ともコロナ対策として巨額の財政出動を行っているが、この急転換はコロナだけが原因ではない。コロナは単にきっかけに過ぎず、底流で進行していたレジーム転換が一気に表面化したものである。

というのは、現代世界には大きな政府を必然とする、いくつかの要因があるからだ。これは将来共和党政権になっても変わらないと私は見ている。

第一は米中覇権争いである。国家資源を総動員する中国の専制主義に対抗するには、アメリカも政府の強力なイニシアティブを確立しなければならないからである。これについては後述する。

第二に、経済学と経済政策が直面している課題の大転換である。これまでの新古典派的経済政策を正当化してきた「供給力不足がインフレをもたらす」という命題が後退し、代わって「需要不足がデフレをもたらす」という命題が前面に現れたのだ。

レーガン、サッチャー時代以降支配的だった新古典派（ネオリベラリズム）的常識、つまり「小さな政府にして財政赤字は避ける。自由貿易を尊重し、規制を緩和して産業や市場への国の介入はやめるべき」という方針はあっさり捨て去られつつある。代わって大きな政府を柱とする、いわば「新ケインズ主義」がクローズアップされてきたのである。

バイデン政権はコロナ対策１・９兆ドルに続いて、５年間で１・２兆ドルという巨額の環境インフラ投資計画（American Job Plan）を打ち出した。

この財政資金需要に対してＦＲＢは量的金融緩和で対応する。トランプ時代まで続いてきた、勤労意欲を阻害するので税金や社会保障は最小限にとの通念も棚上げされ、富裕層や企業への増税により社会保障の増額が検討されている。

一方、ＥＵでも財政拡大趨勢が既成事実化しており、「財政赤字ＧＤＰ比３％以下、政府債務ＧＤＰ比60％以下」としたマストリヒト条項は事実上棚上げされ、７５００億ユーロの欧州復興基金が制定された。時代ははっきり新ケインズ時代へ、サプライ（供給）サイド強化からディマンド（需要）サイドの強化へと舵が切られている。

第三に、グローバルなハイテク産業と技術での競争において、政府の支援は決定的に重要になっている。古典的自由貿易はいまや建前と化し、ＷＴＯも形骸化が著しい。その理由は、半導体などのハイテク産業は初期投資と過去の履歴効果が決定的に重要な収穫逓増《ていぞう》産業であり、国家による産業政策、通商管理がその国の企業競争力に決定的重要性を持っているからである。

米中対立は大きな政府を必然とする

「大きな政府を必要とする要因」の第一は、米中の覇権争いを詳細に見ていこう。中国のハイテク覇権に対抗するには、アメリカも国家主導の技術産業育成が不可欠で、バイデン政権は産業技術支援に本腰を入れる姿勢を鮮明にしたのだ。特にハイテク産業は巨額の初期投資が雌雄を決するので、初期コストを政府の支援により軽減することは必須である。ましてや、相手は国家ぐるみで露骨に産業育成をしてきた中国である。素手ではとても対抗できなくなっている。

かつて2000年代の初めの10年間に、中国は国家資本を際限なく投入して補助金を与え、鉄鋼の世界生産シェアを10％台から57％（20年）に引き上げた。太陽光発電パネルでは日米欧の競争相手をなぎ倒し、世界シェア80％を獲得した。液晶でもいまやシェアは3

割強と世界最大になり、自動車用バッテリーでは10年前に設立されたCATLが日本のパナソニックを抜き、世界一となった。さらに移動体通信機器では中国のZTE、ファーウェイ2社で世界シェアの4割を握り、米日欧企業を大きく引き離している。

いまや中国はハイテク立国に焦点を絞り、軽工業や重厚長大産業は海外へシフトさせ、最先端技術で世界を支配しようとしているのだ。

そして米上院は2021年6月、中国との技術競争に備える包括的な対中法案（『アメリカイノベーション・競争法案』）を可決した。超党派によるこの法案は、アメリカの技術や研究の強化に5年間でおよそ2000億ドルを充てる内容で、半導体・通信機器の生産・研究の強化に約540億ドルを支出する。うち20億ドルは、深刻な供給不足に陥っている自動車向け半導体に充てられる。

上院案にはこのほかにも中国政府の支援を受ける企業が製造・販売するドローン（無人機）を購入できないようにする措置など、中国に関連した条項が盛り込まれた。また、アメリカでサイバー攻撃や米企業からの知的財産窃盗に関与した中国の組織に幅広い制裁を義務付けるとともに、人権侵害に用いられる可能性のある製品について輸出管理の見直しを規定している。アメリカは中国に対抗するために、ハイテク、先端技術で中国を凌駕しようと、壮大な戦略を打ち出したのである。

実は大きな政府による景気浮揚、国力高揚は、覇権国対決においても重要な意味を持っている。1930年代、ドイツのヒトラーはアウトバーン建設に代表される積極的財政政策を遂行して経済を活性化し、失業率を低下させ、国力浮揚を図った。ヒトラーが世界で最も早くケインズ政策を採用したとの評価は一面の真実かもしれない。この積極的財政政策がヒトラーに対する国民の求心力と、ドイツの優位性を著しく高め、大戦初期のドイツ軍の快進撃を可能にしたという歴史的事実がある。

現在中国は公的部門主導の需要振興策を遂行、中国の製造業の市場規模はアメリカの2倍に達している。この巨大な国内市場が中国の競争力の源泉をなしている。アメリカは国内景気振興策で中国に負けるわけにはいかない、という側面がある。

コロナ禍が新時代を拓く

大きな政府を必要とする第2の要因はどのようなものか。実は世界経済は、コロナパンデミックが起きる前から、物価低下圧力＝需要不足と、金利低下圧力＝金余りという、二つの問題を抱えていた。先進国の３分の１が長期金利がマイナスに陥るという異常事態にあった。また、デフレによる経済成長の下方屈折という危機も進行していた。

需要不足はグローバリゼーションの進展とインターネット、ＡＩ、ロボットなどによる技術革命によって生産性が押し上げられ、供給力が高まったために引き起こされた。一方の金利低下は民間（特に企業と富裕層）の高利潤が遊んでいるために引き起こされた。つまるところデフレ圧力と異常低金利は、尋常ではない貯蓄（＝購買力の先送り）と需要不足によってもたらされたものである。

そうした環境は、１９３０年代の世界大恐慌下の経済状態と似ている。金利低下が臨界点に達して、金融政策が無力化する「流動性の罠」に陥る。いまはそのときと同じように、財政による需要喚起が強く求められる。コロナパンデミックが起きようと起きなかろうと、財政と金融双方の拡張政策で余っている資金を活用し、需要を喚起することが必要だった。「財政節度」というのは、いまの時代にはまったく適合していない呪文のようなものである。

大恐慌が「ゆりかごから墓場まで」の近代的社会保障制度の起点になったように、コロナパンデミックが社会的セーフティネットの飛躍的拡充、ユニバーサル・ヘルスシステムの登場、ユニバーサル・ベーシックインカムの時代を拓くかもしれない。

財政赤字はインフレの引き金にならないのか?

これまでの経済常識の観点から、空前の財政赤字はモラルハザードを引き起こし、インフレや金利上昇など禍根を残すとの批判が語られている。

しかし現実はまったく逆である。レーガン・サッチャー以降の新自由主義の時代においては、供給力不足と貯蓄不足が経済のボトルネックであり、インフレが最大の経済リスクと考えられていた。

しかしここ10年来の世界的な低金利は、貯蓄が豊富で、需要が慢性的に弱いことを示している。ということは、財政赤字がダメージをもたらすことはなく、むしろ必要であるというべきなのかもしれない。経済学と経済政策の軸が明らかにディマンド(需要)サイドにシフトしつつあるといえる。

経済学者でもあるイエレン米財務長官は「歴史的低金利の現在、大規模な経済対策は雇用と経済成長を加速し、恩恵がコストを大きく上回る」と主張し、アメリカの大半のエコノミストの支持を得ている。これまで貯蓄不足を懸念し財政赤字を厳しく批判してきた国際通貨基金（ＩＭＦ）、世銀などの国際機関も主張を大きく転換させている。

つまり、政府債務に対する考え方は大きく変わってきたのである。かつてＥＵでは南欧諸国、特にギリシャが世界金融危機の後、債務返済で苦境に陥ると、ユーロ圏の経済大国とＩＭＦはギリシアに大幅な財政支出抑制を促した。

だが結果として景気回復を果たすどころか、ギリシャの経済状況は一段と悪化し、財政赤字も拡大した。ＩＭＦは後から振り返る形で判断の誤りを認め、幅広い検証作業を実施した。当時ＩＭＦのチーフエコノミストだったオリビエ・ブランチャードＭＩＴ教授は、特に危機のさなかで総需要が弱い局面では、財政支出の有効性は際立っていると述べている。

それから数年後、異端視されていた「財政支出に大きな役割を与える」現代貨幣理論（ＭＴ：Modern Monetary Theory）が注目を集めるようになり、これまでの主流派エコノミストも政府債務の概念を根本から見直し始めている。

現代貨幣理論の代表的な主張をまとめると、

- 自国通貨を発行できる政府は財政赤字を拡大しても債務不履行になることはない。
- 財政赤字でも国はインフレが起きない範囲で支出を行うべきだ。

・税は財源ではなく通貨を流通させる仕組みである。

というものだが、ある国の金利水準が経済成長率より低い場合、公共投資を手控えるべきではないという考え方が柱になっている。これは現在の多くの先進国に当てはまる。イエレン財務長官の主張は、この異端視されてきたMMTなどの議論をワシントンの政策中枢に招き入れたものといってよいだろう。

ノーベル賞学者クリストファー・シムズ氏により「物価水準の財政理論＝シムズ理論」（政府債務を増税ではなくインフレで相殺すると宣言し、金融緩和に加えて財政拡大で人々のインフレ期待に働き掛けることが重要だとする考え方）も提起されている。これらの財政出動を正当化する理論が台頭しているのは、まさしく金融緩和と財政政策の二つのエンジンによる需要創造が必須な時代が到来していることを示唆しているのではないだろうか。

ハイテク産業競争には「大きな政府」の支援が不可欠

大きな政府を必要とする第3の要因は国家産業政策の必要性である。現在のハイテク・半導体・ソフトウェアなどの先端分野では、自由貿易の原則が通用しない。ハイテクなどの先端分野のコストの圧倒的部分は、過去に投資した研究開発（R&D）費の累積額（R&Dへの直接投資、販売網構築、事業買収）であり、賃金・インフレ・為替などマクロ経済要因が影響力を及ぼす変動は微々たるものである。つまりマクロ政策調整がまったく効かない。

いったんハイテク強国になってしまえば、どんなに通貨高、賃金高になってもその競争力を奪われることはない。つまり「勝者総取り」が容易には崩れない世界で、これは「履歴効果」と呼ばれ、「収穫逓増」の原理が働く。

国家資本主義の中国はこの原理にのっとって、国家的プロジェクトによるハイテク企業育成をしているが、そのパワーは絶大である。その象徴がファーウェイの急速な台頭だ。そこでバイデン政権は、国家ぐるみの産業育成に乗り出しているのである。

この急激な世界思潮の変化に、日本はついていけていない。巨額の余剰貯蓄を持ちながら、それをまったく生かしていないのだ。それは、日本の経済学者やエコノミストのコンセンサスが、旧態依然たる「財政赤字は悪」の思考パターンに囚われているからである。

コロナ対策ではスケールの大きな財政支出が打ち出されたが、産業支援や技術開発による国際競争力強化には大きく後れを取っている。また経産省は日米摩擦時のアメリカによる産業育成策に対する非難がトラウマになっていて、どのように政府支援を企業競争力向上につなげるか、戦略が描けない。経済戦略を統括する司令塔が必要だ。

日銀はスイス中央銀行のように「為替水準が不当に自国通貨を高くしている」と主張することもしない。貿易黒字がなくなり、物価と賃金が新興国水準まで低下しているのであるから、日本の為替は1ドル110円のレベルであっても、分不相応の円高なのである。繰り返すが、1990年以降の購買力平価から極端に乖離した〝懲罰的円高〟が日本の衰弱を引き起こしたのであるから、円レートが購買力平価水準に戻っただけでは不十分なのである。日本再生のためには購買力平価以上の円安のハンディが必要なのだ。米中対決においてアメリカは強い日本経済を必要としているのだから、アメリカが円安を容認するはずである。

中国の最盛期は過ぎ、成功要因が挫折のタネに

米中覇権争いの帰趨は、まず軍事的優位性によって決まる。しかしその軍事優位を確立するには、経済力優位が必要である。

そして経済力は国際分業上の優位性によって決められる。国際分業上の優劣を決めるものが通商摩擦である。トランプ政権が引き起こした対中貿易戦争は、国際分業における陣取り合戦であり、覇権国アメリカの国益に直結する決定的重要事項である。

それでは米中貿易戦争の先に何が待っているのか。

私は、中国は大きな困難に直面していると考えている。過去の過剰な成功体験が今後の困難を引き起こす種を育んだからである。

それに対する中国の起死回生の妙手は「一帯一路」などの対外進出とハイテク覇権だと考えるが、米中覇権争いの下でそれは可能なのだろうか。中国の巨大な産業集積を考えれば不可能とは断定できないが、金融危機、体制危機にいたる可能性もある。

ではここで、中国経済はどのようにして台頭と発展をしてきたのかを振り返ってみよう。

そこには三つの要素がある。

第一に国際分業の流れに乗ってグローバリゼーションの恩恵をフルに受けたこと。

第二にアメリカの寛容さに便乗し、フリーライドを享受し悪用したこと。

第三に巨大な内需を形成し、世界経済のバーゲニングパワーを握ったことである。

しかし、この3要素はいずれも壁にぶつかっている。

第一に関しては、まず生産拠点として自由特区を設けて海外メーカーを誘致し、労働力のみを提供するという形態から出発したが、次いでOEM生産、そして競合者（従属的市場参加者）から支配的市場参加者にという推移を辿り、いまや世界で最も多くの生産要素を集積する世界の工場となった。

産業分野でも繊維・軽工業→重化学工業→機械→ハイテク→インターネットプラットフォーム→ハイテクユニコーン→ドローン、太陽電池、バッテリー、5G通信装置とステップアップを繰り返し、先端分野においても市場リーダーになっている。

しかしいまや、国際分業において、中国は追われる側になってしまった。いまや中国の労働賃金はどのASEAN諸国よりも高くなった。またアメリカとの貿易摩擦・関税引き上げにより価格競争力は顕著に低下している。そこで労働集約的産業の工場を海外シフトさせ、続いて、対米輸出中心のハイテク企業も生産拠点を海外、特にベトナムと台湾に移している。コロナ特需の時期が過ぎれば、中国の輸出は鈍化していくだろう。

第二の要素は、アメリカの寛容さに便乗し、フリーライドを享受し・悪用したことである。閉鎖的国内市場、強力な政府の介入など多くの問題点があったにもかかわらず、2001年WTOへの加盟がアメリカの支持のもとに認められ、国際貿易市場への参画が可能になった。それ以降様々な不公正貿易慣行を展開し、長足の競争力強化がなされた。

そればかりか、中国はアメリカから巨額の所得移転を受けている。アメリカの対外貿易赤字の50％、4200億ドル（2018年）は中国相手のものであり、アメリカのGDPに対するその比率はほぼ2％であった。この数字を過去にさかのぼると、2005年以来米中貿易戦争が勃発する2018年までほぼ2％前後で推移してきた。つまり中国は米国GDPの2％という巨額の所得移転を10年以上にわたって享受し続けてきたわけである。このアメリカからの巨額の対外所得が中国の内需（投資と消費）拡大の燃料となってきた。

しかし米中貿易戦争の結果、これまでのような不公正貿易慣行が維持できなくなるだろう。「公正さ」をアピールしなければならない中国は、追加関税回避の見返りとして、アメリカの要求の多くを受け入れざるを得ない。この結果、価格競争力、技術開発力、資本の誘致などの強みが失われていくだろう。アメリカの対中留学生規制、ハイテク技術者の獲得の抑制、これまで行ってきたとされるサイバー窃盗の禁止などは、中国企業の活力を奪っていくだろう。年間4200億ドル（2018年）という巨額の対米貿易黒字は大幅に減少し、中国企業の収益力を損なっていくはずだ。

中国の台頭をもたらした第三の要素は、巨大な内需を形成して世界経済のバーゲニングパワーを握ったことである。いまや主要産業分野において中国が世界最大の市場であり、供給者でもある。

巨大な中国国内市場は本当に無視できないのか

中国国内市場の巨大さを示すエピソードには限りがない。まず投資関連では、世界セメント生産に占める中国のシェアは55％。それをほぼすべて国内で消費している。アメリカの過去100年間（1901〜2000年）のセメント消費が45億トンであるが、2011〜13年の3年間で、その5割増しの66億トンを消費した。

また中国の粗鋼生産は2000年1・28億トンで世界生産8・5億トンに対するシェアは15％に過ぎなかったが、20年には10・6億トンとなり、世界生産（18・8億トン）に対するシェアは57％に達した。2000年以降18年間の世界増産分10・3億トンの85％は中国によって担われたのである。工作機械、建設機械、高速鉄道システム・鉄道車両でも中国市場は世界最大である。この巨大な内需をベースとした規模のメリットと補助金による圧倒的価格競争力により海外市場でもシェアを拡大している。

また２０１５年頃から、それまでの投資主導経済から消費主導への転換が進展、国内所得の増加と生活水準向上により膨大な消費市場が形成された。

中国の一人当たりＧＤＰは２０２０年で１万５００ドルと中進国の上限に達し、いまや人口14億人のうち、３～４億人が中産階級に属し、海外旅行や観光など、より高いレベルの消費を追求し始めている。

自動車販売台数でも２０１８年で世界合計９４８４万台のうち中国２８０８万台、アメリカ１７７０万台、日本５２７万台、インド４４０万台、ドイツ３８２万台と圧倒的である。自家用車の保有が急速に伸びただけでなく、相対的に大型で高価なスポーツ用多目的車（ＳＵＶ）のシェアが数年前の２割から４割へと上昇している。中国はスマートフォン、テレビ、パソコンでも世界最大の市場である。

消費の伸びに伴い、経済のサービス化も進展している。第三次産業の伸びはここ数年、第一次産業、第二次産業の伸びを上回り、ＧＤＰ成長率に対する第三次産業の寄与度はほぼ７割、ＧＤＰに占める比率シェアも20年には54％に達している。海外旅行も爆発的に増加、海外旅行者数は18年には延べ１・５億人に達した。

しかし今後、中国の内需の減速・失速が起き、中国企業のバーゲニングパワーが衰弱していくと思われる。投資は、供給力過剰と債務の累増により限界が見えてくる。また消費主導の経済成長も踊り場に差し掛かっており、自動車、家電などのハードウェア需要は普及が一巡し、ピークアウト感が強まるだろう。

すでに冷蔵庫、洗濯機、カラーテレビ、エアコンなど耐久消費財の普及率は、90～120％とほぼ飽和状態に達している。さらに2012年から生産年齢人口の減少が始まっており、20年代には総人口もピークアウトし、内需に対しネガティブに作用することになる。

中国の〝投資〟はリスク先送りの上に成り立つ

最も深刻なのは過剰投資のツケであろう。投資とは「費用処理の繰り延べ」が認められている支出であるから、投資すればするほど需要が増え高成長は可能になる。しかし費用負担を伴わない需要創造という便法は、将来に費用処理を先送りすることであり、それに果実が伴わなければ不良資産を積み上げることになってしまう。

日本の1990年のバブル崩壊、韓国の1997年の通貨危機はこうした高投資による成長パターンの挫折として起きたわけだが、そのときのピーク固定資本形成／GDP比率

図表4-1　主要国国内総固定資本形成/GDP(名目)

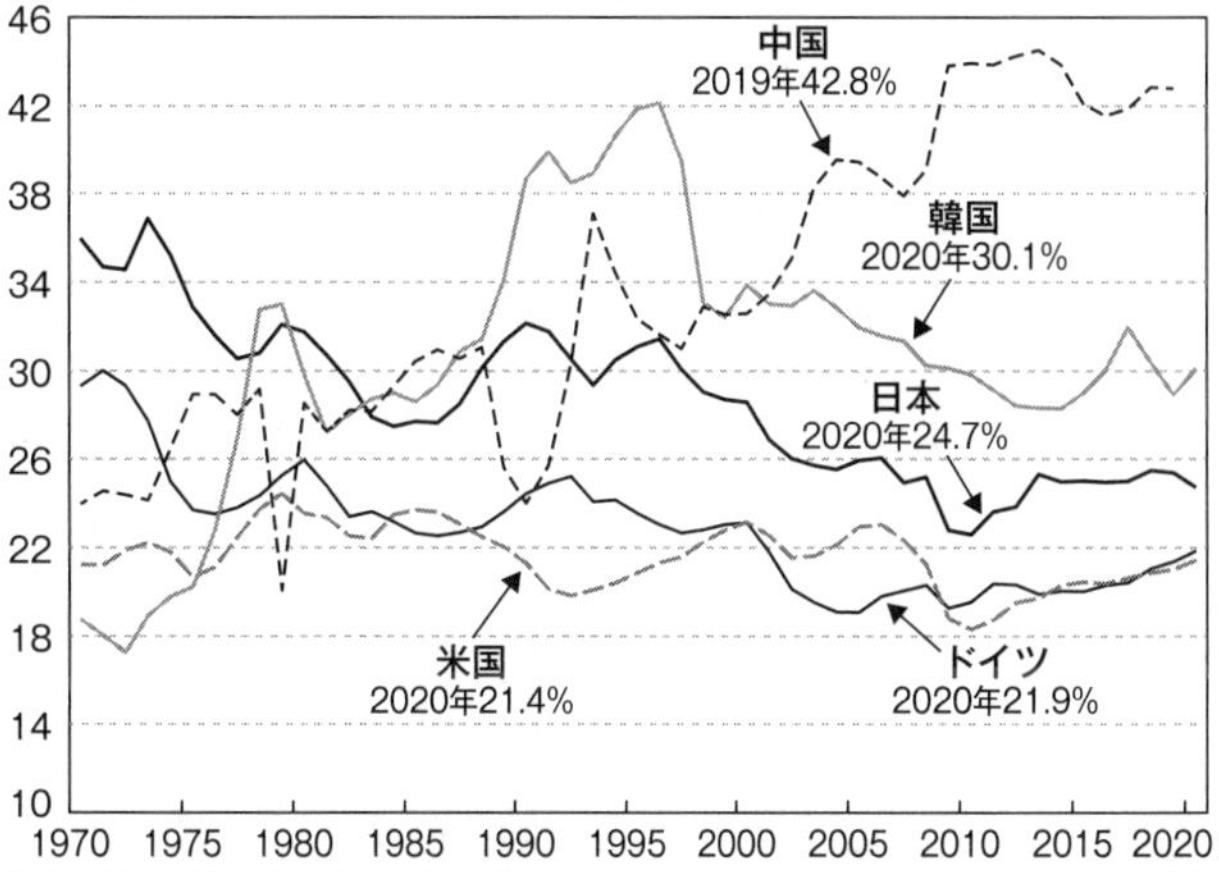

出所：OECD、IMF、ブルームバーグ、武者リサーチ

「国内総資本形成」は、政府と民間の投資活動 (住宅投資、設備投資、公共投資など固定資本の追加分の総額」。中国のＧＤＰ(国内総生産)に占める比率を見ると、いかにこれらが大きいかがわかる。

は日本32%、韓国36%だった。しかし現在の中国の固定資本形成のＧＤＰ比率は２０１０年時以降43%前後と驚くほどの高水準で推移している。これだけでも中国の潜在的困難の深刻さが推し測れる。

中国の投資分野は設備投資、公共インフラ投資、住宅不動産投資の３分野であるが、設備投資は大半の製造業部門で過剰設備を抱え、さらなる投資増加は困難である。

公共投資も10年余りで２・９万km（２０１８年）と、日本の新幹線網３１００kmの９倍にあたる高速鉄道を敷設した。累積負債は１０５兆円（２０２

1年）に上るが、その多くは赤字路線で、不良債権化する可能性が指摘されている。

日米中を比較すると200m以上の高層ビルは中国400棟で日本の10倍、アメリカの2倍との報告もある。高速道路総延長は、アメリカは6万5000km、日本1万1520kmに比べ、中国は13万km（いずれも2016年）である。

これを見ると中国の投資のすごさに唖然とするほどだが、それは不良債権発生の種でもあるのだ。現在、唯一の積み増しが可能な投資対象は不動産だけであるが、ここでも恒大集団経営危機を契機として不良在庫と価格下落が顕在化した。つまり中国は、成長を維持するために、不良債権を積み増すことを承知の上で不動産投資を続けざるを得ないという矛盾に直面している。

この需要創造とコスト先送りが、史上空前の規模で10年にわたって続いたのが中国ということになる。確かに、これだけ投資して、生産されたものが有効活用されたら、とてつもない成長を生み出す。しかし、投資でつくったものが「ガラクタ」だったら、不良債権の塊《かたまり》になる。

すると今度は、先送りしたコストをどのように払うのか？「心配ない、永遠に先送りすればいいから……」という意見もある。「習近平がなんとかしてくれるだろう」という楽観論だ。帳簿改ざんや、不良債権隠しなどの弥縫策《びほうさく》が行われるかも知れない。それで国内市場は収まるかもしれない。しかし、グローバル金融市場はそうはいかない。つまり中国の金融構造は、大きな危険が国際的に発生するリスクを持っているのだ。

膨大な不良債権が積み上がる

次に過剰債務のツケが深刻になっていくだろう。２０１０年頃までは、外貨準備高の範囲内に通貨発行量が抑えられ、レバレッジは抑制されていたが、２０１３年頃から信用創造が急拡大していった。民間企業の債務増加が中心であり、民間非金融部門の対ＧＤＰ債務は２１０％と歴史的高水準に達している。日米欧は１６０％前後である。

この世界史的債務増加が中国の消費経済化を支えたのだが、それが限界に達しつつある。リーマンショック以降２０１８年までの10年間に世界全体の債務（民間＋公的）増加額は63・24兆ドルであったが、そのうち中国が42％の26・5兆ドルと圧倒的だ。アメリカ15・86兆ドル（25％）、欧州10・00兆ドル（16％）、日本０・54兆ドル（０・９％）、その他新興国10・３兆ドル（16％）だから、いかに中国の債務が大きいかが理解できよう。主要国が横ばいか低下する中で、中国だけが著しく上昇しているのだ。しかもこの信用創造は、銀行部門以上にシャドーバンキングを通して行われており、不良債権化するリスクが心配されている。

この過剰債務の問題は、①企業収益の悪化、②金利の上昇、③信用環境の悪化などが起こったときに顕在化する。いつ、どのようにして起きるのかは世界全体の心配のタネであるが、後述するようにそれは外貨不安が引き金になるのではないかと思われる。

中国の外貨準備は借金に依存した「張り子のトラ」

もう一つの決定的なツケは、経常収支の悪化による〝燃料切れ〟である。主要国の金融の安定性を最終的に担保するものは経常収支であるが、この経常収支黒字の大幅な増加が、現代中国繁栄の推進力になった。2018年まで経常黒字は、貿易黒字の減少と旅行収支赤字の大幅拡大によって激減してきたが、コロナパンデミックの勃発による特需により2020年、2021年と急増している。しかしコロナ禍が終焉すると、高騰する賃金による価格競争力低下と米中貿易摩擦により、経常黒字は再度大きく減少するだろう。そうなると将来中国の脆弱な対外バランスシート問題が顕在化し、外貨不安が人民元安を引き起こす懸念が強まる。

ただ「膨大な外貨準備高があるではないか」という反論もあろう。確かに中国の外貨準備高は3・36兆ドルと世界最大で、日本の1・35兆ドルの3倍近くの高水準である。

しかし対外純資産は2・15兆ドルと外貨準備高の3分の2しかない（2020年末、図表4-2参照）。つまり中国の外貨準備の3分の1は借金なのであり、緊急の対外決済には充当できない。

しかも潤沢な外貨の半分近くは海外からの投融資によってもたらされたもので、ひとたび人民元不安が高まると、流出し減少する可能性が高い。

また外貨準備高がすべて流動性の高いものなのかも疑わしい。このうちの1兆ドルはアメリカ国債であるが、その他には例えばベネズエラなど途上国に対する融資などが含まれている可能性もある。何かのアクシデントで急激な資金逃避が起きることもありうる。

こうした状況を総合すると、いずれ中国の金融問題はコロナ禍後、貿易黒字が急減し中国の外貨不安が高まることによって起きると考えられる。「中国は世界最大の貿易黒字国

図表4-2　日本と中国の対外バランスシート（資産負債残高）比較、2020年末

日本

資産	兆米ドル	%	負債・純資産	兆米ドル	%
直接投資	1.93	18.0	直接投資	0.37	3.5
証券投資	4.92	45.9	証券投資	3.99	37.2
金融派生商品	0.42	3.9	金融派生商品	0.40	3.7
その他	2.11	19.7	その他	2.63	24.5
(内貸付)	1.33	12.3	(内借入)	1.84	17.1
			負債合計	7.39	68.9
外貨準備	1.35	12.6	純資産	3.34	31.1
資産合計	10.73	100.0	負債・純資産合計	10.73	100.0

中国

資産	兆米ドル	%	負債・純資産	兆米ドル	%
直接投資	2.41	27.7	直接投資	3.18	36.5
証券投資	0.90	10.3	証券投資	1.95	22.5
金融派生商品	0.02	0.2	金融派生商品	0.01	0.1
その他	2.01	23.1	その他	1.41	16.2
(内貸付)	0.84	9.6	(内借入)	0.46	5.2
			負債合計	6.55	75.3
外貨準備	3.36	38.6	純資産	2.15	24.7
資産合計	8.70	100.0	負債・純資産合計	8.70	100.0

出所：財務省、中国国家外貨管理局、武者リサーチ

でありその結果外貨準備高は世界最大の３兆ドル強、第２位の日本の３倍という巨額の規模となり、中国は世界最強の金融力を持っている」というコンセンサスは妥当性を失っていくと見られる。

これに関しては、そもそも外貨準備高の性格が日本と中国ではまるで違うことを念頭に置くべきである。

外貨準備高とは対外決済や為替市場の安定のために当局が保有する資金である。日本の定義では日銀と財務省が保有する外貨の総額で、その大半はかつての外貨介入によって取得されたものであり、その源泉は全てが過去の経常黒字にある。

それに対して中国の外貨準備高には政府、中央銀行のほかに国有銀行など民間保有の短期外貨資産が含まれている。そしてその源泉は、過去の経常黒字の積み上がりに加えて、海外からの借り入れが大きく寄与している。中国は民間や外資企業の外貨保有を厳しく管理しているため、貿易収入や対外借り入れなどによって取得した外貨の過半は銀行に預託され、その預託額が外貨準備にカウントされていると考えられるのである。

外貨不安は中国最大のアキレス腱

中国の外貨準備はとても多いように見えるが、1兆ドルほどが借金であることは、すでに述べたとおりである。

では、誰から借りているのかといえば、在外華僑であったり、グローバル銀行などからである。特に2021年にはウォール街も対中投資を大きく増加させた。中国家計が保有する巨額の貯蓄を獲得するという名目で投資を活発化させている。JPモルガン・チェース、ゴールドマン・サックス、ブラックロックなど金融機関の中国子会社の100%比率認可など、中国政府による外資開放に呼応したものである。9月末時点で、海外投資家が保有する人民元建て株式と債券の総額は1兆ドルを突破したと報道されている。

また中国の対外資産負債残高統計によると過去1年間(2020年3Q—2021年2Q)に中国への株式・投信による資金流入は1・2兆ドルと急伸した。米国の公的年金や大学財団の運用資金は、ベンチャーキャピタル経由で中国の未公開株にも資金を振り向けている模様である。

こうした外資による証券投資は、諸刃の剣と言う要素もある。米国は対中経済関係を維持しつつ、持久戦で中国の弱体化を図ろうとしている。日本をやっつけた時と同様、金融にフォーカスするだろう。日本に対しては異常に低い日本の資本コストを標的として、ドル円委員会、ＢＩＳ規制、護送船団方式・系列批判、土地バブル批判、円高誘導などが展開され、結局日本のリスクプレミアムが著しく高まり（＝リスクキャピタルが消え）国内の投資が止まった。米国は中国に対しても資本自由化を求め中国で市場の金融の効率化を進める。それは米国投資家による裁定投資を通した資産価格売り崩しを可能にする。米国ウォールストリートの対中投資増加は売り崩しを狙っている可能性もあり、中国にとってトロイの木馬になるかもしれない。

活路は「一帯一路」の帝国主義とハイテク覇権

では、中国経済のアキレス腱を傷つけず、回避する手立てはあるのだろうか。中国はその手段として、中国の帝国化と、ハイテク覇権の奪取という二つの方策を取ろうとしているように見える。

中国の帝国化とは、いうまでもなく「一帯一路」政策である。なぜ中国は時代遅れの帝国主義を推進するのか？　20世紀初頭まで世界を蹂躙した帝国主義の経済構造についてはかつてイギリスの経済学者ホブソンにより「富の分配の不公平によって過少消費・過剰貯蓄、生産力の過剰蓄積を招き、その過剰貯蓄のはけ口としての植民地が求められた」という分析がされていたが、それがいま、中国の手で再現されつつあるといえる。

習近平氏の「中華の偉大な夢」を解くカギは、過剰に蓄積した①生産力のはけ口として、②資源の調達先として、③超過利潤獲得のチャンネルとして、海外市場の拡大が現体制維持に必須となっているからと考えると理解しやすい。

それを結実させるのが「一帯一路の下で人民元経済圏をつくる」ことであろう。人民元経済圏が形成できれば、中国が基軸通貨国として通貨発行益を享受でき、経常赤字・対外債務の増加はそのまま通貨発行となるので、人民元安を引き起こす心配はなくなる。人民元が現在の基軸通貨ドルに代替されるようになれば、債務問題は解消し、一気に中国のアキレス腱は消えると、中国は考えているはずである。

もう一つの戦略は、最先端ハイテクでアメリカに伍し、ハイテクの覇者の地位をうかがうことである。最先端のハイテクで競争優位を確立できれば、再度貿易黒字は増加し、懸念された外貨の不安もスキップできる。ハイテク優位は軍事技術に転化され軍事覇権も確立できる。米中覇権争いがハイテク覇権をめぐるものであることがわかる。

確かに新世代技術の要である５Ｇ通信ではファーウェイを筆頭に、中国が技術開発と価格競争で大きく先行している。スマートフォン基地局装置の世界シェアはファーウェイ31％、ＺＴＥ11％と中国勢が42％でトップシェアを占め、エリクソン（27％）、ノキア（22％）、サムスン（５％）を大きく引き離している。技術開発ではアメリカに半年から１年先行していて、価格も２～３割は安いと言われている。「５Ｇインフラ建設と投資で中国は世界の首位にある」（「ウォールストリートジャーナル」誌）という見方もある。

中国は「製造２０２５」計画を策定し、ハイテク技術分野に絞り込んで補助金など資源の投入を推し進めており、これでＩｏＴ最先進国の座を狙っている。①次世代情報通信技術、②先端デジタル制御工作機械とロボット、③航空・宇宙設備、④海洋建設機械・ハイテク船舶、⑤先進軌道交通設備、⑥省エネ・新エネルギー自動車、⑦電力設備、⑧農業用機械設備、⑨新材料、⑩バイオ医薬・高性能医療器械などの10分野が対象分野となっているが、その源泉は他国がとうてい追随できないほどの経営資源の集中投入である。分野ターゲティング、産業補助金、金融支援、官民学軍の技術連携、などの形で政府主導で資源を集中投下させるやり方には、米日欧の民主主義国は到底太刀打ちできない。ハイテク分野は「勝者総取り」の世界であり、政府のプランによる資源集中投入で中国が世界市場を制覇した実例は、すでに太陽電池、ドローン、EVバッテリーなどで証明ずみだ。ロボット、AIなどで、それをさらに大規模に展開する意図がある。

半導体の9割を海外に依存している中国

こうした中国に対抗するため、アメリカはファーウェイを国防上の脅威と認定し、2019年の国防権限法以降、次々に制裁を強化してきた。まずアメリカ政府機関のファーウェイからの調達を禁止、さらにはファーウェイに対するアメリカ企業による禁輸、他国製品でもアメリカ製コンポーネントの割合が25％以上の製品の対中禁輸という形で展開されている。台湾の半導体大手TSMC製品のファーウェイへの供給停止はこれに基づく。

ファーウェイはアメリカメーカーからの半導体輸入とともに傘下の半導体設計会社ハイシリコン設計の半導体をTSMCに生産委託してきた。これらを含めTSMCの全売り上げの16％がファーウェイ向けであったが、この取引がすべて遮断された。ファーウェイは事前に在庫を積み増しており、1年程度は耐えられると見られているが、その先の半導体入手困難は避けられない。

またファーウェイは2019年からグーグルのアプリを利用できなくなっており、スマホにおいてもグローバル展開が困難になり、スマホ世界市場シェアは2020年の世界第2位から急降下した。さらにイギリスに続きフランスでもアメリカの要請に応じ、ファーウェイ製品のシェアを段階的に引き下げる意向が伝えられている。こうなるとドイツも追随せざるを得なくなるだろう。

5Gで大きく先行する中国のボトルネックは半導体である。テレビ、PC、スマホなどエレクトロニクス製品の生産では世界の大半を制しているが、半導体だけは国産化率15%と極めて低い。しかもその過半は外資系企業によるもので、中国企業だけでみた国産化率は4・2%に過ぎず、調達の5割はアメリカメーカーに依存している。コロナショックの景気対策として展開されているデジタルインフラ投資と並行し、政府による競争力強化はいま半導体に注力されている。

その反面、この半導体対外依存を的としてアメリカが攻勢を強めている。ファーウェイに対する供給禁止だけでなく、中国半導体投資に対する機器供給禁止が実施されてきた。

世界シェア5割を保有し、ファーウェイにも半導体の過半を供給してきたＴＳＭＣがアメリカの要求でファーウェイへの供給を遮断したことは、中国の危機感を高めている。

そこで中国は、ハイテクで次々と成し遂げてきた成功モデルを半導体で再現しようとして、２０２５年までに現在15％の国産化シェアを70％に引き上げる（「中国製造２０２５」）という壮大な目標を掲げている。

だがこのチャイニーズドリームの実現は困難だろう。アメリカがストップさせるからだ。アメリカの対ファーウェイ取引遮断により、先端技術の導入が不可能になったのである。

ソフトバンクの子会社アームは先端高機能・低電力のスマホＣＰＵ用アーキテクチャーを独占供給しているが、アメリカの禁輸措置により対中サービスが絶たれた。また最先端の線幅7ナノメートルの半導体に必須のＥＵＶ（極端紫外線）露光装置を唯一供給しているＡＳＬＭ（オランダ）も中国企業への納入を停止した。ファーウェイは傘下にハイシリコンという技術力の高い半導体設計会社を持っているが、線幅10～7ナノメートル以下の最先端の半導体製造は不可能である。

もっとも、アメリカ半導体企業の最大の顧客は中国であり、直ちに全部が遮断されることは考えられない。最先端ではない技術製品、ファーウェイ、ハイクビジョンなど安全保障上の脅威リスト（エンティティーリスト）に挙げられていない企業に対しては、供給が続けられると考えられる。

２０２１年に入りバイデン政権は半導体製造装置企業などからの要望を受け入れ、監視リストに入っていたファーウェイやＳＭＩＣ（中芯国際集成電路製造）などに対する輸出申請の過半を認可したとも伝えられる。しかしそれらの認可措置が続くかどうか、議会における強硬な反対意見もあり楽観はできないだろう。

このようにアメリカがありとあらゆる手段を繰り出し始めた以上、中国のハイテク覇権への夢は頓挫せざるを得なくなろう。アメリカの調査会社は「24年でも中国の半導体国産化率は21％に留まる」と予想している。

経済環境と同時に、中国への不安を高めているのが、国内の権力闘争と海外の厳しい習近平政権批判である。国内では「ハエも虎も叩く」反腐敗運動が経済活力を奪い、リスク回避心理を強めざるを得ない。また習近平政権の相次ぐライバルの排除により、本来集団指導であるはずの共産党統治が個人独裁化している。それは中国政府の統治能力、経済危機管理能力を大きく削いでいく可能性がある。

アメリカなら経営者は株価で評価され、株価は企業がどれだけ利益を上げたかで評価されるという資本の合理性が貫徹している。したがって、経営者は資本の合理性に最もふさわしい人間が選ばれる。この点、日本はかなりあやしいが、それ以上に中国は、共産党政権の、つまり習近平のお眼鏡に叶うかどうかですべてが決まる。

いくら努力して利益を上げても、ある日突然、習近平ににらまれて失脚させられたり、最悪の場合、牢獄に繋がれることも考えられる。これでは安心して経営に専念できない。短期的にはそれで進まざるを得ないとしても、一所懸命努力したのに、その対価とバランスが取れない懸念があるのでは、これが良い仕組みとはとうてい言えない。

台湾をめぐる軍事衝突はあるか

さらにアメリカとの地政学的リスクも無視できない。中国は、過去の歴史を書き換えることによって、軍事的台頭という将来の野望を正当化しようとしていると、英「エコノミスト誌」は主張している。

同誌は中国習政権による過去の歴史の書き換えとして、①日本の侵略に対して戦ったのは蔣介石率いる国民党政府であるのに、その成果をあたかも毛沢東率いる共産党の手柄にしていること、②過去70年間、一発の発砲もしなかった平和主義の日本を「侵略性を持つ悪魔の国」と定義していることの2点を挙げ、それが中国習政権の軍事的野望を正当化するものとなっているとしている。

エコノミスト誌はかつて「侵略の過去を軽んじ、中国の脅威を誇張する」として、日本批判の姿勢をとってきたが、この主張を見ると、同誌が急速に軸足を変えていることがわかる。それは国際的リベラル・デモクラシーの陣営が大きく対中警戒にシフトしていることを示唆する。

アメリカは、南シナ海における中国の南沙岩礁埋め立てによる滑走路、軍事基地建設を絶対に容認しない。すでにレッドラインを超えた中国は、どう対応するのだろうか。この中国の野望をくじくにはどうするか、直接軍事的に退治できないとすれば、中国経済を衰弱させるしかないではないか。

バイデン政権発足後、アメリカ政権の優先順位は経済から地政学へとシフトしつつあることも確かである。民主主義対独裁専制という価値観対立の観点はトランプ政権とは変わらない。しかし外交面で中国を包囲する動きはトランプ政権よりは踏み込んだものとなっている。

インド太平洋地域への関与強化は、AUKUS（米英豪による軍事技術共有を主とした同盟）、QUAD（米日豪印戦略対話）などが相次いで開催され、各種のイニシアティヴが打ち出された。インド太平洋地域での中国の軍事的・経済的な影響力拡大に対抗する枠組みが設けられ、アフガン撤退も中国を睨んだアジア太平洋地域への注力が狙いとされる。

さらにバイデン政権は強制労働に代表される人権問題に力を入れている。新疆ウイグル自治区での人権侵害を最優先課題に挙げ、「民族ジェノサイド」に対して「ウイグル強制労働防止法」を制定し、同自治区で生産された製品について、強制労働が行われていないことを企業が証明しない限り、アメリカへの輸入を禁止することを決定している。

中国経済は必ず地盤沈下する

経済の減速が現実味を帯びてきて、中国はインフラ投資や住宅投資を減らし、いまはハイテク投資を中心に据えている。先ほど述べた半導体投資である。

しかし、ハイテク産業には機械の輸入が必要で、輸入依存の成長になってしまう可能性が出てくる。従来のような建設工事なら投資は鉄、セメント、労務費として全て国内需要になり景気を押し上げる。しかしハイテク投資では、需要が海外に逃げてしまう。いままでは投資で大成長してきたけれども、中国経済の顕著な減速は必至だ。一人当たりGDP1万ドルの中進国に成長し、14億の人口を抱え、世界の生産の3割から4割を独り占めしている、そんな国が、今後も図抜けた成長をするとは思えない。

2022年の経済成長率目標として5～5・5％を掲げているが、それは困難だろう。恐らくあと5年もすれば1～2％成長というように劇的な減速もあり得るのではないか。

つまり、5年10年と経つうちに、中国は周囲に万里の長城を築かれて競争力を失い、世界のビジネスでプレゼンスを低下させていくと思われる。

しかも10年も経てば、中国は少子高齢化社会に突入する。だからいまのうちに、台湾を取り込みたいとなりふり構わなくなっていく危険がある。

先ほど、「コストの先送り」の話をしたが、中国国内需要の中核であった建設投資が、これから急激に減速していくと思われる。建設は大きな需要を生むがコストを先送りする典型的な業種である。しかも建設投資では、いったん需要がピークになったら、あとは減り続けるしかない。たとえば日本の住宅建設でピークだったのは1973年で年間180万戸。その後減り続け、いまは80万戸台と半減している。日本が特例なのではなく、どこの国も同じなのだ。

「中国内陸部フロンティア」は夢のまた夢

その一方で、「現在の中国の繁栄は沿岸部だけで、内陸部の膨大な人口を相手にすれば、まだまだ投資の余地はある」という意見もある。

だがこれは、現在と同じペースで猛烈な投資をし、コストを先送りし続けることを意味するのだが、果たしてそれが可能なのだろうか。最近中国では「内循環と外循環」という言葉を出し始めた。これまでのようにグローバルに展開して輸出で儲ける構図は頭打ちに来ているので、今後は国内のフロンティアを舞台に経済を回すというものだ。

しかし、沿岸部なら輸出可能な商品があるが、これから中国の価格競争力が大きく劣っていく局面で、内陸部から輸出可能な商品が生まれてくるだろうか。日本でも、過疎の地域で生きている産業は、電力会社と銀行と土建業だけである。

上海や深圳《シンセン》など、沿岸部大都市で海外からの所得もあり、内循環と外循環がうまく回ってきたのと同じ好循環を、内陸都市でも実現するのは困難であろう。最近、中国内陸部の不動産価格下落が大きくなっているのは、この懸念を裏付けるものである。

もうひとつ無理があると思われる理由は、そもそも中国の地方政府の収入の３割が土地の売却収入ということである。中国の土地はすべて国有だが、いちおう利用権を認めて、１００年間の利用権に対して代金をもらう形で民間に払い下げる。民間はその払い下げられたものを、所有権として売買する。不動産価格が上昇している間は、そのような形で、土地売却収入を獲得できるが、実際に価格が下がりはじめたら、収入源が枯渇する。

現在の中国の不動産をめぐる金融のあり方は、非常に大きなリスクをはらんでいる。上海と深圳の住宅価格を見ると、ともに平均年収の50倍ほどの高価格になっている。

中国の市民が不動産の値上がりを見越し、借金をして住宅を購入し、それが値上がりする。したがって購入した者は豊かになったつもりでいるが、恒大集団の経営危機以降不動産価格が下落に転じた。

これを引き起こしたのが、20年から21年にかけての習近平政権の不動産融資総量規制である。そのバブル抑制政策が恒大危機を引き起こした。

しかし、なぜ習近平政権はここに来てあえて経済混乱を引き起こすようなバブル抑制策をとったのか。さすがに、このままではバブルが崩壊するのでガス抜きが必要、という判断をしたのである。つまり投資を膨れ上がらせ、コストを先送りしながら目先の需要を謳歌するというパターンが、いよいよ続かなくなってきたのだ。

すると、日本が陥った「失われた20年」と同様の困難が、中国を襲う危険も強まってくる。2021年末の時点で不動産開発投資、粗鋼生産などは過去20年で最大の落ち込みとなっている。

中国が崩壊しても日本は心配ない

中国経済は緩慢な危機に向かいつつあるのではないだろうか。いつ、どれだけの激震が走るかを想定しなければならない危険な領域に入っている。

習近平も不老不死ではないから、いずれ体制は終焉を迎える。しかし「その次の中国像」が見えてこないのだ。かつての歴史のように、習近平王朝崩壊とともに国家が分裂し、大量の流民発生という事態が起こらないとも限らない。

これは世界経済に大きな影響を与える。中国は世界の鉄鋼の57%、スマートフォンの8

割を生産する国である。しかし、これが今後も続くという保証はどこにもない。あと5年もすれば、世界の中国依存度は劇的に低下するはずである。とすると世界の需要をあてこんでつくっていた中国の設備や人はどうなるのだろうか。中国の製造業も、いずれ供給力のかなりの部分が他の国にリプレイスされるはずである。

一番大きく中国生産を代替するのはインドだろう。インドは巨額の対中貿易赤字を抱えているが、約14億人の人口とポテンシャルを持つ国なので、製造業強化に邁進すれば対中依存度は大きく減るし、世界におけるシェア面でも中国にとって代わることは可能だ。

ではこの章の最後に、万が一中国経済がクラッシュしたときに、日本経済はどんな影響を受けるのかを解説しておきたい。

結論からいうと、日本はあまり心配することはない。日本は中国に対していろんなものを輸出しているが、電子部品や機械などは中国が最終需要なのではなく、製造拠点に過ぎない。したがって、中国が沈んだら他の国で肩代わりすることができるのだ。

たとえば半導体の材料などは、現在は対中国向けが主だが、それがなくなったら、代わりの国に輸出すればよい。日本製品の品質は折り紙つきなので、買い手はいくらでもいる。中国の地盤沈下の日本への影響は、そういう点では限定的である。

もっとも、中国の内需が劇的に落ち込めば、中国市場を相手に製品を出している企業、たとえばユニクロやトヨタなどの企業の売り上げが落ちるのは問題である。

しかしそれとは逆に、中国が世界で支配していた生産力が、ベトナムやインド、メキシコ、台湾などに分散するので、それらの国の経済成長が期待できるというプラスも生まれる。その市場の購買力を見込んで輸出先をシフトできれば、問題は解決する。

つまり、中国そのものの地盤沈下で、中国国内の消費に依存する企業は影響を受けるだろうが、全体的に壊滅的な打撃ということにはならないはずだ。

投資の面では、尖閣問題が紛糾するまでは、日本の対中投資は多かったが、それ以降は急激に減少している。投資も生産も、日本企業はいち早くＡＳＥＡＮにシフトしているので、グローバルな生産体制という点では、日本は脱中国依存が最も進んでいる国である。

ドイツは中国と蜜月関係にあり、韓国は完全に首根っこを押さえられている。それに比べ、日本は相対的に有利だといってもよい。

第5章

これが「強い日本経済」という近未来だ

負け癖が染みついた日本

日本経済に対する悲観論が、このところの日本では大いに幅を利かせている。所得格差、民族抑圧、宗教対立、価値観の対立など国際社会は分断の要素にあふれている。しかしどの国においても経済成長とよりよい明日ということに疑問を挟む見方はほとんど存在しない。その中で日本は稀有の安定性を持っている国であるにもかかわらず、成長とより豊かで明るい明日という希望や夢がほとんど語られない。

バブル以後の日本経済を表現するのに「敗戦」というどぎつい言葉が使われ始めたが、今では完全に常用化されている。金融敗戦、ハイテク敗戦、グリーン敗戦、経済敗戦、コロナ敗戦……自虐的表現のオンパレードである。コロナ感染や死者は米英の10分の1と抑え込んでいるのに、コロナで被った経済の落ち込みは主要国では最悪の結果となっている。

テレビや新聞などのメディアでは、リスクを取って挑戦し、獲物（夢や希望）を追い求めるという、アニマルスピリットはほとんどお目にかからなくなってしまった。

景気回復の最大の敵は「悲観論」であると、私は断言したい。悲観論にさえ陥らなければ、現実の「安いニッポン」は必ず大復活を遂げるのだ。

ただし、グッドニュースは、企業部門においてはアニマルスピリットが力強く復活しているという事実である。リーマンショック後の世界株価を比較すると、日経平均は4・1倍とドイツDAXと同等の上昇であり、NYダウ5・1倍に続き世界では二番手である。GAFAMにけん引されたナスダックの11・2倍には見劣りするが、中国や韓国の2〜3倍前後と比較すれば良好である。デフレの最悪期はアベノミクス登場で過ぎ去り、2021年度の日本の企業収益は過去最高を更新する勢いである。経済を前に進める力は企業部門の価値創造にあると繰り返し述べてきたが、停滞する日本にあって、企業部門はいち早く上向いているのである。

企業で共有される改革の覚悟

デジタル革命、グリーン革命と技術が急速に進化し、人々の生活パターンもライフスタイルも一変した。今や国境は著しく低くなり、国際競争も熾烈になっている。この転換期においてはこれまで通りでは生き残れない、抜本的変革が必要だという認識は、企業部門では共有されている。

そして変革に目覚めた企業を株式市場は評価し、時価総額が何倍にも増えている。こうして勝ち組が生まれ、その輪が広がっていく。株式市場で極めて大きな二極化が起きている。いまは敗者でも、徹底的に考え抜き、ビジネスモデルを再構築し、経営改革をすれば勝者に変わることができる。いまこそ「変革の時代」なのであり、勝ち組になれる機会に満ちているのである。

大変身ソニーほか百花繚乱の創造的ビジネスモデル

企業部門の復活は株式時価総額ランキングに如実に表れている（図表5－1）。日本企業の時価総額は2000年と2021年で大きく変化していることがわかる。以前の日本はアメリカと異なり、いつまでたっても企業序列はあまり変わらなかった。丸の内に本社を構える銀行、財閥系企業、鉄鋼・造船重工・石化・重電など重厚長大産業の名門企業がトップランクを独占していた。

しかし今、急速に新興企業が上位を占めるようになっている。その多くはDX／GX（グ

図表5-1　日米時価総額高額企業トップ20

日本

2000/1/1			2021/12/30		
	兆円	%		兆円	%
合計	**453.9**	**100.0**	**合計**	**735.2**	**100.0**
①NTTドコモ	37.6	8.3	①トヨタ自動車	34.4	4.7
②NTT	27.8	6.1	②ソニー	18.3	2.5
③トヨタ自動車	18.6	4.1	③キーエンス	17.6	2.4
④セブンイレブン	13.5	3.0	④リクルート	11.8	1.6
⑤ソニー	12.5	2.8	⑤NTT	11.4	1.6
⑥ソフトバンク	10.7	2.3	⑥東京エレクトロン	10.4	1.4
⑦富士通	9.0	2.0	⑦ソフトバンク	9.4	1.3
⑧三菱UFJ銀行	6.7	1.5	⑧信越化学	8.3	1.1
⑨NTTデータ	6.6	1.5	⑨三菱UFJ FG	8.3	1.1
⑩光通信	6.1	1.3	⑩日本電産	8.1	1.1
⑪パナソニック	5.8	1.3	⑪KDDI	7.7	1.1
⑫村田製作所	5.8	1.3	⑫ダイキン工業	7.6	1.0
⑬日立	5.5	1.2	⑬デンソー	7.5	1.0
⑭パナソニックモバイル	5.1	1.1	⑭オリエンタルランド	7.1	1.0
⑮京セラ	5.0	1.1	⑮任天堂	7.0	0.9
⑯ローム	5.0	1.1	⑯ファーストリテイリング	6.9	0.9
⑰イトーヨーカ堂	4.6	1.0	⑰HOYA	6.3	0.9
⑱武田製薬	4.5	1.0	⑱中外製薬	6.3	0.9
⑲三井住友銀行	4.4	1.0	⑲村田製作所	6.2	0.8
⑳NEC	4.0	0.9	⑳日立	6.0	0.8

米国

2000/1/1			2021/12/31		
	10億ドル	%		10億ドル	%
合計	**13812.7**	**100.0**	**合計**	**48461.2**	**100.0**
①マイクロソフト	601.0	4.4	①アップル	2913.3	6.0
②ゼネラルエレクトリック	507.2	3.7	②マイクロソフト	2525.1	5.2
③シスコシステムズ	355.1	2.6	③アルファベット(Google)	1921.8	4.0
④ウォルマート	307.9	2.2	④アマゾン	1691.0	3.5
⑤インテル	275.0	2.0	⑤テスラ	1061.3	2.2
⑥ファイザー	235.7	1.7	⑥メタ・プラットフォームズ(FB)	935.6	1.9
⑦エクソンモービル	204.5	1.5	⑦エヌビディア	735.3	1.5
⑧IBM	195.6	1.4	⑧バークシャー・ハサウェイ	669.1	1.4
⑨シティグループ	192.5	1.4	⑨ユナイテッド・ヘルス・グループ	472.9	1.0
⑩タイムワーナー	187.5	1.4	⑩VISA	472.0	1.0
⑪AIG	168.2	1.2	⑪JPモルガン・チェース	468.0	1.0
⑫AT&T	167.4	1.2	⑫J&J	450.4	0.9
⑬オラクル	166.3	1.2	⑬ホーム・デポ	433.4	0.9
⑭ホーム・デポ	162.4	1.2	⑭ウォルマート	401.4	0.8
⑮メルク	159.5	1.2	⑮P&G	395.9	0.8
⑯P&G	158.2	1.1	⑯バンク・オブ・アメリカ	364.1	0.8
⑰コカ・コーラ	157.0	1.1	⑰マスターカード	353.1	0.7
⑱J&J	144.2	1.0	⑱ファイザー	331.4	0.7
⑲ジョンソンコントロールズ	143.9	1.0	⑲ウォルト・ディズニー	281.5	0.6
⑳DEL	143.1	1.0	⑳ブロードコム	274.7	0.6

注：日本の時価総額合計は東京証券取引所内国普通株式時価総額の合計、米国の時価総額合計はウィルシャー5000指数値
出所：ブルームバーグ、武者リサーチ

リーントラストフォーメーション＝温室効果ガスを出さない産業構造への変換）革命の進展などの時流の変化に対応してビジネスモデルを再構築し、グローバルでトップシェアを確保し、高株価とM＆Aを活用した成長戦略を確立している。各社が自社のアイデンティティーと掲げるスローガンは独創的で魅力的なものが多い。これほどの独創的で多様なビジネスモデルを確立したグローバルプレイヤーを輩出している国はアメリカを別にすれば日本以外にはないだろう。

日本の将来を担う企業はすでに舞台に上がっているのだ。

そんな変革の旗手になっているのがソニーである。数年前、ソニーは乗っ取り屋に買収を仕掛けられそうになり、半導体部門を分離しろと迫られた。しかしソニーはそれを断固として拒否し、企業業績を回復できる新しいビジネスモデルを模索した。高人気のPC部門「バイオ」まで売り払ったが、テクノロジーの中心である半導体部門だけは死守した。その結果、いまや売上は10兆円に迫り、1兆円の営業利益を上げ、劇的なV字回復を果たしている。乗っ取りを仕掛けられて、変革精神に火がついたのである。

ただ、ソニーは他力本願ではなく、はっきりと自己の社会的使命を自覚したから変革が可能になった。その使命とは「感動を届ける企業」というスローガンである。

いま、世界の人々が最も求めているのが「感動」だ。平たく言えば「頭脳を満足させること」である。胃袋はもう満ち足りている。技術の発展で、人々は飢餓から解放された。胃袋を満たしたあと、欲望が何に向かうかというと「生きている実感」、つまり感動である。ソニーはそれを届ける企業というテーゼを掲げたのだ。

多くの人々は、インターネットが世界を支配し、その主役はＧＡＦＡ＋Ｍ（Google、Apple、Facebook、Amazon＋Microsoft）だと考えている（FacebookがMetaに変更したので、やがてＧＡＭＡＭになるだろう）。日本のインターネットインフラはＧＡＦＡＭに抑えられ、もう何もできないとあきらめている。

しかしＧＡＦＡＭは、単なるプラットフォーマーでしかない。プラットフォームは大事だが、それがいくつあっても、それだけでは人間の頭脳は喜ばない。では何が大事なのかと言えば、それはプラットフォームの中に流れるコンテンツだ。それが人々を感動させる。プラットフォームは単なる〝土管〟に過ぎないので、それ以上の価値は生まない。しかもＧＡＦＡＭの5社はほぼ同業で、競争相手でもある。同じ土管の仕事で5つの巨大企業が競争する環境では、いずれ1社に集約されるか、独占禁止法の問題も含めて、やがて価値を生み出しづらくなる。いずれ幾何級数的に成長する収穫逓増の時期が終わり、収穫逓減期に入っていくだろう。インターネットの黎明期の支配的プロバイダー　ネットスケープとインターネット・エクスプローラーが消滅したことを考えれば、GAFAMの支配が永続することはあり得ない。

現在、GAFAMがどこから価値を生み出しているのかといえば、本来のプラットホームビジネスより周縁分野である。彼らは本業の利益より、戦線を広げてインターネット空間をすべて支配することに力を注いでいる。GoogleがYouTubeを買収するなど、高い株価を利用して買収に躍起になっているのは、そんな形でネット上のコングロマリット形成をしないと生き残れなくなるからである。

しかしこの拡大政策は、いずれ独占禁止法などに抵触して、できなくなる可能性が高い。資金力で買収して独占価格にあぐらをかくやり方にはNOが突きつけられるだろう。つまりGAFAMの日の出の勢いはいまがほぼピークであり、これからは少し勢いが弱まるかもしれない。

代わってこれから浮上するのは、人々に感動を与えるコンテンツを提供する企業である。ソニーはそこにフォーカスして、いまや時価総額日本第二位の12兆円を誇る。

ソニーはコロンビアピクチャーズを保有し、ゲームや音楽分野も強い。人々に感動を与える素材において世界的存在感を確立している。ライバル視されるディズニーは、アニメ分野以外はおぼつかない。

しかもソニーはエンターテインメントだけでなく、それを伝える技術も持つ。誰でも画面を観るなら高精細でクリアなものがいいと思うはずだ。それを可能にするのがソニーの半導体技術である。だからソニーは半導体部門を死守した。感動を与えるコンテンツを提供するには、優れたデバイスがないと美しいピクチャーが撮れないし、鑑賞できない。そういう意味で、ソニーは極めて一貫している。こういうビジネスモデルを確立している企業は世界に類例はないのではないか。オンリーワンのビジネスモデルなので、競う相手はいない、と言えるかもしれない。

世界最強の資本家、孫正義氏

あとひとつ注目できるリーディングカンパニーは、ソフトバンクグループである。パソコン誕生の先駆者マイクロソフトのビル・ゲイツ、アップルのスティーブン・ジョブス世代の人間で、いまだに現役世界の最前線にいるのは孫正義氏だけである。それが日本の企業社会をリードしているのだ。日本の金融は米国から引き離され、負け組の集まりであるように見られがちだが、世界最強の資本家ソフトバンクグループがあることが、忘れられているのではないか。

孫氏は単なる起業家ではなく、稀有の「資本家」であり、ビル・ゲイツやアマゾンのジェフ・ベゾスなどの様に事業活動から卒業するということをしない。稼いだ資本をよりリターンの高い分野に次々と投資し、ソフトバンクをいつの間にかNTTやKDDIに並ぶ巨大キャリアーに成長させた。つまり、小が大を飲み込む構図を、繰り返し実践してきたのである。孫氏は「18世紀初頭のロスチャイルドを目指す」と語っているが、その目指すものは「現代最強の資本家像」であろう。

ソフトバンクグループは時価総額が9兆円を超えたが挑戦をやめない。永遠の資本家には終わりというものがないのである。

かつては創業間もないヤフーに、その後やはり創業期のアリババに投資をして巨額の利益を獲得し、さらには半導体にとって重要な設計機能を持つイギリスの半導体企業アームを傘下に入れた。いまや「世界の半導体はアームのデザインがないと作れない」とまでいわれるほどの企業である。

もっとも、いま現在はソフトバンクグループが大変な困難に陥っている。ソフトバンクグループの最大の利益源であったアリババの株価が急落し、ソフトバンクグループの株価も半減したのだ。

しかし、孫氏は別の地平を睨んでいる。アリババ株を担保に借金をし、ビジョンファンドを立ち上げ、それで投資したＡＩ関係のベンチャーから、新しい芽がどんどん出つつある。その結果、アリババ依存度が劇的に下がっている。

孫氏の特徴は、レバレッジ（借入金など他人資本を活用して自己資本の収益率を高めるようてこ入れすること）への決断と先見性である。先見性とは「目利き」の鍛錬。単なるテクノロジーだけではなく、将来を見すえた眼力をつけ、成功と成長のビジネスモデルをきちんと描ける。日本はこのような歴史に名を残すかもしれない、稀有のプレイヤーを擁しているのである。

これからの日本経済をリードする「スマボ」

その孫氏が最近よく口にするのが「スマボ」という言葉である。これまでの「スマホ」に代わり「スマートロボット」の時代になるというのである。

確かに今後、進化した人工知能を備えたロボットが登場すれば、とてつもなく能力を発揮するはずだ。ロボットは機械であるから、感情もなく欲望もなく、子孫をつくることもできない。しかしその限界を抜きにすれば、人間の能力をはるかに超えることを成し遂げる。一つひとつプログラムを組んでコンピュータを動かすという時代は終わり、コンピュータが学習能力を持つことで、自ら進化する。囲碁や将棋、チェスの世界ではＡＩが人間を打ち負かしているが、ディープラーニングによって能力を高めれば、たとえば野球ロボットは大谷翔平以上の活躍をするということも起きるだろう。自動翻訳など、ソフトの分野でも多大な功績をもたらすだろう。

私も、レポートを英訳するのに無料のＤＬ翻訳を使っているが、これがすばらしい。瞬時に、私の能力ではお及びもつかないような、洗練された英語に翻訳される。人工知能の力のすごさを思い知らされる。

さて、スマボとはなにか。スマホは、どこまで進んでもサイバーの世界の産物であり、音と映像以外はデータ、コンピュータの世界である。

しかしスマボはリアルの世界で動く。つまりこれからはサイバーと現実のミクスチャが大切になってくる。サイバーという仮想空間の世界と、フィジカルつまり現実世界との接点、ここに鍵がある。

ではロボットはなにで動くのかと言えば、モーターである。それが人工知能で制御されてとてつもなく微妙な動きをするようになったら、サイバーの世界以上に、現実フィジカルの世界で活躍の場が増える。現実の世界がよくならなければ、人間は幸せになれないからだ。

人間で言えば、頭脳はサイバーである。そのサイバーが判断するのには情報入力が必要だ。人間の機能でいえば目、耳、鼻、舌、皮膚からの情報入力である。

そして頭脳で判断したら、今度はアクションを起こす。つまり筋肉を動かすこと。つまり、頭脳と情報収集の器官と筋肉、この三つが人間の機能の根幹で、その他の臓器は、サポートの役割でしかない。

これをロボットに置き換えると、入力はセンサーが担当し、出力はモーターが担う。

サイバーとフィジカルの統合時代をリードする日本のニッチトップ企業

では世界最強のセンサーはどこがつくっているか、日本のキーエンスという企業である。ここは独自に開発したセンサーの品揃えが豊富で、多様なニーズに応える。だからそのキーエンスが日本の時価総額の3位に位置する。売り上げは5000億円ほどしかないのに、時価総額で3位の17兆円。ソニーとほぼ互角なのである。

筋肉の代わりを果たすモーターの分野では、日本電産に世界の注目が集まっている。世界中のモーターメーカーを買収して強化し、時価総額が10位の約8兆円。これからの電気自動車の時代に重要視されるのはバッテリーだが、バッテリー分野は激戦区である。しかし、もうひとつの重要部品であるモーターでは日本電産が圧倒的シェアを持つ。

このサイバーとフィジカルの融合は、EVやIoTと言われるモノのネットワーク化の時代の鍵になる。日本はサイバーの世界では見劣りするものの、現実の世界との接点に立つ要素技術の宝庫であり、鍵となるプレイヤーの多さは、抜きん出ている。時価総額ランキング6位の東京エレクトロン、8位の信越化学、17位のHOYA、19位の村田製作所などはサイバーフィジカル融合の時代の世界的トップフレイヤーである。信越化学は半導体のシリコンウェファーの世界シェアで圧倒的なプレイヤーであり、塩化ビニール部門でも世界ナンバー1。東京エレクトロンは半導体製造の前工程のリソグラフィーを除くほぼすべての機器を手掛け、コーター・デベロッパー、成膜装置など多くの分野で世界トップシェアを持っている。HOYAは光学ガラスのニッチトップ企業であり、半導体用光学ガラスのトップメーカーである。村田製作所は半導体と並ぶ基幹部品である積層セラミックコンデンサーなどで圧倒的世界シェアを持ち、その資金力を駆使して電子部品の複合化に乗り出している。

現在の日本製造業の技術・品質優位の中心はハイテク部品の素材や装置である。半導体、テレビ、スマホ、パソコンなどのハイテク最終製品では日本勢は劣勢に回っているが、より重要な要素技術の固まりである部品や素材分野では、日本の優位は圧倒的である。半導体から派生したハイテク素材、部品、装置の全てを国内に集積しているのは日本だけであり、そのシナジー効果は大きな優位性である。

「遊び」と「仕事」の境界がなくなる

さて、時価総額のナンバー4は、なんとリクルート。時価総額12兆円。意外さを感じ、その理由を知りたくて会社案内を開いたところ、「まだここにない出会いを」と書いてあった。これがキーワードである。

現代社会で人々が求めているのは、人と人との「出会い」。コロナ禍でますますその傾向が高まっているが、それをつなぐ企業という意味だ。

リクルートはインディードというアメリカ企業を買収し、急速にグローバル化している。もともとソフトのイメージが強い会社で人材の流動性が高い。仕事なのか〝遊び〟なのか判然としない社風であるが、よくよく考えると、これからの仕事は「遊びの延長」なのかもしれない。

胃袋を満たすために働いていたのは昭和の時代の話で、これからの時代の仕事は遊び、言い換えれば「よろこび」を達成するためのものが中心になる。現代ほど「人と人との出会い」がよろこびになる時代はない。先ほどのソニーの「感動」と共通する部分がありそうだ。そして現代には、出会いをつくるための最適のツールであるインターネットがある。これなら簡単にマッチングできる。

つまり現代は、働くということの必要性がどんどん低くなる時代なのだ。だけど人間は働く。昔は糧を得るためだったが、いまは出会いのためである。自分が人に貢献をし、人から感謝をもらうために働く。そのように「よろこび」が働くモチベーションになっているということは、いわば「遊びの世界」との境界線がなくなっていることでもある。

だからリクルート的な仕事に対する認識や取り組みは、実は人間の良質な労働のある部分を体現していたということができる。リクルートの長所は、多様性やさまざまな個人の自主性を最大限に認める会社であると、私は思っている。

重厚長大の時代にはもう戻らない！

そのほか時価総額12位のダイキン工業は「空気で答えを出す」をキャッチフレーズに、M&Aを通して世界空調機器ナンバーワンにのし上がった。インバーターを活用した省電力技術、エアコンと冷媒の両方を手掛けていることを武器に、空調４要素（温度、湿度、空気清浄、気流調整）を愚直に追い求めている日本有数のグリーン企業である。第16位のファーストリテイリングは、「服を変え、常識を変え、世界を変えていく」を企業理念に掲げ、世界のアパレルのトップクラス企業である。

15位の世界的ゲーム機メーカー任天堂は独自の知的財産であるオリジナルのゲームキャラクターを数多く保有し「任天堂ＩＰ（知的財産）に触れる人口を拡大する」ことを掲げている。

以前なら50位ぐらいまで財閥系の企業が並んでいたはずだが、もはやそんな時代ではない。新しい時代にマッチしたビジネスモデルを確立した企業が躍進しているのだ。新たな企業が、なぜ時価総額で浮上したのかを考えれば、これからの日本のメシの種が沢山転がっていることに気づくはずだ。

これまで巨大企業という恐竜が日本の産業界を闊歩していたのだが、巨木が倒されて、恐竜が消え、それまで邪魔されていた日陰者に太陽の光がさんさんと降り注ぐようになり、新種の動植物がどんどん増えているのだ。今後も、そうした形で花が咲く企業は多数出てくるだろう。

日本の自動車産業の未来はどうなる？

現在、日本の時価総額の筆頭にいるのはトヨタである。日本経済を支える一翼は自動車産業だったことは紛れもない事実である。ではその未来はどうなるのだろうか？　私もその質問をよく受けるのだが、現時点で判断するのは難しい。50年後にはすべてが電気自動車に置きかえられているだろうが、一足飛びにはそこにいかない。その過程でどういう形でビジネスモデルを打ち立て成功させていくかは、あまりにも経路が多く、複雑だからである。

いまはトヨタが世界的にも強いが、これは基本的にガソリンエンジン中心のビジネス。電気自動車・ＥＶになったときに、その強さが維持できるかどうかがカギである。

ＥＶが主流になれば、自動車はふたつの点で劇的に変化する。ひとつはエンジンや駆動系が不要になること。高性能のモーターを、コンピューターチップで上手に制御すればいいだけの簡単な仕組みで充分になる。

もうひとつは、ＥＶというのは自動的に進化する側面があるということ。テスラは「自動車のスマホ化」といっているが、自動車の機能がソフトウェアを入れ替えることでどんどん向上していくのである。衝突防止装置や自動運転機能はソフトウエアの分野である。スマートフォンがアプリ次第でどんどん頭がよくなっていくように、ソフトウエアの進化で車の機能は向上していく。

また、自動車という商品そのものの定義が変わってくる。いままでは機械としての側面が強く、耐用年数が上がれば中古車価格は安くなったが、新しくソフトを入れ替えて以前より賢くなれば、むしろ中古車の方が価値が上がる。自動車をめぐる市場が激変するのだ。

そのときに自動車産業に日本を牽引していく力があるかどうかは、極めて不鮮明だ。自動車産業には大きな裾野があって。自社の従業員のほか、裾野の関連会社に膨大な人員が従事している。しかし、部品点数が大幅に減って部品メーカーも激減すれば、その人員は不要になる。大きく雇用吸収力が減るのは避けられない。

自動車は日本の経済の屋台骨を支えてきた産業だけに、これは大きな心配のタネである。特にEVでは、いま圧倒的に中国とヨーロッパ企業の累積販売台数が多い。スタートはまだ切られたばかりだから、キャッチアップや逆転は十分に可能であるとはいえ、日本の圧倒的な優位性は失われて行くかもしれない。

自動車に限らず、今後の日本は重厚長大産業に大きなウエイトをかけられる時代ではなくなりそうだ。少し前まで日本は「フルセット型産業構造」という形で、あらゆる業種の産業を揃えていた。鉄、化学、自動車、鉄鋼、造船、電気……これが経済発展の核になったのだが、実はそれはうたかたの夢で、いつまでも続くわけがなかったのである。

現代は国際分業が進み、すべてを自国でまかなう国はなくなっている。いまフルセット型の産業構造を目指しているのは中国ぐらいのものだ。

では今後、日本は何に特化し、何を他国に依存するべきか。国際分業の中で、自分たちの位置づけを決めなければならなくなる。自国で特化する分野と他国に依存する分野というふうに、分けていく必要がある。

「人間中心のイノベーション」に邁進せよ

では、日本企業に何があるのかというと、感動、出会いなど、人間本来が持つ感覚を、企業として提供できるようなものである。ソニーにしろリクルートにしろ、成長企業は「人間中心のイノベーション」を主眼とする企業であることに特徴がある。

日本は人間中心のイノベーションがとても得意な国であり、ここに日本復活の芽があると考えている。人間中心のイノベーションとは、「人間により多くの満足度を与えるための差別化」ということだと思う。たとえばユニクロのヒートテックのように、古くからの繊維分野でも、機能性や利用者に〝一味違った〟満足感を与える製品。日本企業には、そういう人間の満足感を高めるためのこだわりに、イノベーションの主眼を置いているところが多い。

人間が手にする最終消費財のクオリティの高さを追求するという点で、日本はとてもこだわりの強い国である。使い勝手のよさ、安全性の高さでも日本の独壇場である。ユニチャームの製品が先進国ばかりか新興国からも関心を向けられるのは、その証拠である。

少し前、海外で生産したカシオの製品を中国で売る際「メイドインジャパンと銘打って欲しい」といわれたことがあると、ウォールストリートジャーナルが報じていた。それほど、日本のクオリティは圧倒的ブランドなのだ。

いままで日本は中国との価格競争に負けてきたが、もはや最終消費者が価格より品質を重視するようになった。デフレが終焉すれば、ますますその傾向が強まるだろう。

ただ、明らかな技術の進歩を模索するためには改善が不可欠だ。よりよいものをつくるための努力をし、その中で最適な方法を選ぶ合理性。日本には、そうした製造業のバックボーンを貫く価値観が、依然として息づいている。

『日本のものづくり哲学』の著者である元東京大学教授の藤本隆宏氏は、「日本の生産性の向上は他のアジアの国とは比べものにならない」と語っている。鉄道のダイヤが極めて正確であることでもわかるように、単にお金の対価だけでなく、物理的なリターンを超えた品質や仕事に対する真摯な態度が世界の中で突出しているという。日本の建設機械の中古品が世界の人気の的で、価格はアメリカの2倍であると、ＮＨＫが報じていたが、一事が万事であろう。

旧態依然たるシステムや決断しきれない経営者、古臭くて話にならない官僚制度など、日本にはいろいろと問題はあるが、労働というクオリティそのもの、あるいは労働に向かうモチベーションそのものは、日本人は格段に高い。これは強さとなって、必ず力を発揮するはずである。

サービス産業の浮上が切り札になる

このように今後、日本が生き残る道は、恐らく「オンリーワンの付加価値」だと思う。日本の最終消費製品が高品質で高評価を得ているように、「やはり日本製品は一味違う」とうならせるものを、他分野でも獲得することである。

今後最も期待されるのは、観光産業の巨大化であろう。日本の観光資源はとても魅力的で、世界でも垂涎の的である。日本は国土の70%が森林で深山幽谷も豊富。多様な景観を持つ豊かな自然環境に恵まれている。カリブ海のトロピカルオーシャンのような沖縄から、スイスにも負けない山岳と雪の日本アルプス、さまざまな温泉資産、京都や奈良などの古都まで、一度では回りきれないほどの観光資源がそろっている。それを縦横につなぐ鉄道網や高速道路網も整備されている。

今後、世界の人々はどんどん豊かになってくる。中でもアジア諸国では、急速に年間所得が1万ドルほどの中産階級が増え、10億人に達した。衣食住が足りると、観光が最大の楽しみになる。

その彼らが向かう先は、安くて、さまざまな観光資源もあり、安全で、ホスピタリティの良い日本だろう。世界のどこを旅しても日本ほど安く、安全で、美味しいところはない。それを裏付けるように、コロナ禍の前まで、日本を訪れる外国人観光客は過去最高を更新し続けてきた。残念なことに、2020年のオリンピックはコロナ禍に見舞われてしまったが、コロナ禍がなかったら、年間約4000万人の観光客が訪れ、一人当たり20万円の支出とすると、合計8兆円の新規外需が日本の国内産業に落ちていたはずであった。

「安いニッポン」はことに日本の内需産業、サービス産業で顕著である。高品質の割に安価で、驚くほどコストパフォーマンスが高い。つまり日本観光の「おトク感」は折り紙つきである。内外価格差、つまり日本とアメリカとの物価の格差を比較すると、スマホや自動車の値段はアメリカも日本も中国もあまり変わらないのに、レストランの価格や交通料金、医療費、教育費などのサービス価格では極端な価格差がある。ラーメン1杯はニューヨークでは2000円、チップ込みで2500円もする。日本は高くても1000円。安いところでは500円。外国人は「なんて安い！」と感動する。この価格差を享受できるのが観光業である。

これまで日本のサービス産業は生産性が低いといわれてきたが、それは売値が低く、低い付加価値に甘んじなければならなかったせいである。その元凶はデフレにあるが、今後円安が進めば、売値が上がり、生産性も改善されるだろう。いまでも質の高さが指折りであることは世界中が知っている。ホテル、レストラン、タクシー、小売り、どの分野でも顧客を満足させて飽きさせないが、生産性改善で、ますます質が向上するだろう。

中でも最大の強みはグルメ産業ではないかと思う。日本は世界最大のグルメ王国で、日本人ほど口うるさい美食家の国民はいない。微妙な味の違いは日本人ならではの「舌」による。そこで日本の味を世界に提供していくのはいかがだろう。お金のない人は日本の味を冷凍食品で、お金のある人は直接来日し、自国よりはるかに安い値段で食事を楽しんで帰るということも考えられる。

観光産業の長所は、内需産業が外貨を稼ぐことにある。街のレストランに外人が来てくれれば外貨が稼げる。地域産業だったはずの温泉、旅館、土産物、名物産業がグローバル産業に飛躍する。観光の持つインパクトは驚くほど大きい。

そこで日本の内需が外国人によって満たされるという、うれしい転倒が起こってくる。世界のどこを旅しても「日本ほど安く安全、美味しいところはない」ということを世界の旅行者が知ってしまった。日本は世界有数の観光立国になるはずだ。

サービス産業の生産性とは付加価値生産性であり、値上げが直ちに生産性の上昇になる。これまで高品質でありながらデフレで付加価値が低く、故に低生産性と侮られてきた日本のサービス産業は、高品質にふさわしい価格を得ることで、高生産性産業に変貌するのである。

財政赤字なんて気にするな！

さて、日本経済・社会の今後を考える際に、触れておかなければならないことがある。それが財政赤字の問題、そして高齢化社会に伴う「労働人口減少」の問題である。

まずは財政赤字。「日本の国家財政はこのままでは破綻する」と、まことしやかにいわれ続けている。しかしここには根本的な誤解がある。国家財政というのは基本的に国の投資と貯蓄のバランスの中で考えるべき問題で、財政破綻論はそれを忘れているために出てくる議論なのである。

国家財政というのは、家計でいえば〝父親〟の財布である。父親は大変だとしても、〝母親〟にはヘソクリがあり、遺産もあるので家計は心配ないという場合もある。

財政赤字を問題にする人は、父親の財布だけしか注目していない。すると、収入が少なくて赤字なので「お弁当を持っていかないと」と消費を抑えてしまう。見るべきは、父親と母親を合わせた家計全体の財布なのだ。国家財政も同様、全体を合算した財産や収支を考えないといけない。

国家の借金が原因で国家財政が破綻した国にギリシャがある。しかしギリシャと日本の決定的な差は「母親の経済力」ということ。父親だけを見ればギリシャと同じ。でもギリシャの母親は資金がなく、父親の借金がそのまま家計に跳ね返ってきた。そこでEUの官僚が出てきて、「財政支出を抑制する」と宣言した。

日本は心配ない。国全体で見ると、日本は世界最大の債権国であり、巨額の貯蓄余剰を持つ国である。対外資産負債残高統計により、海外から借りている借金と貸しているものとの差額、つまり純財産は、日本は3・34兆ドルと世界で最もお金を貸している国なのだ。「日本政府は、赤字国債を発行していて、莫大な借金を抱えている」というのは、父親が借りている金額しか見ていないということ。しかし膨大なヘソクリを持っている母親がまるまる父親にお金を貸しているのだ。

ところが日本人は、母親の財布を見ずに、父親の懐しか見ていない。だから、これだけ

図表5-2-1　G7各国政府各国の総債務残高 対 GDP比率

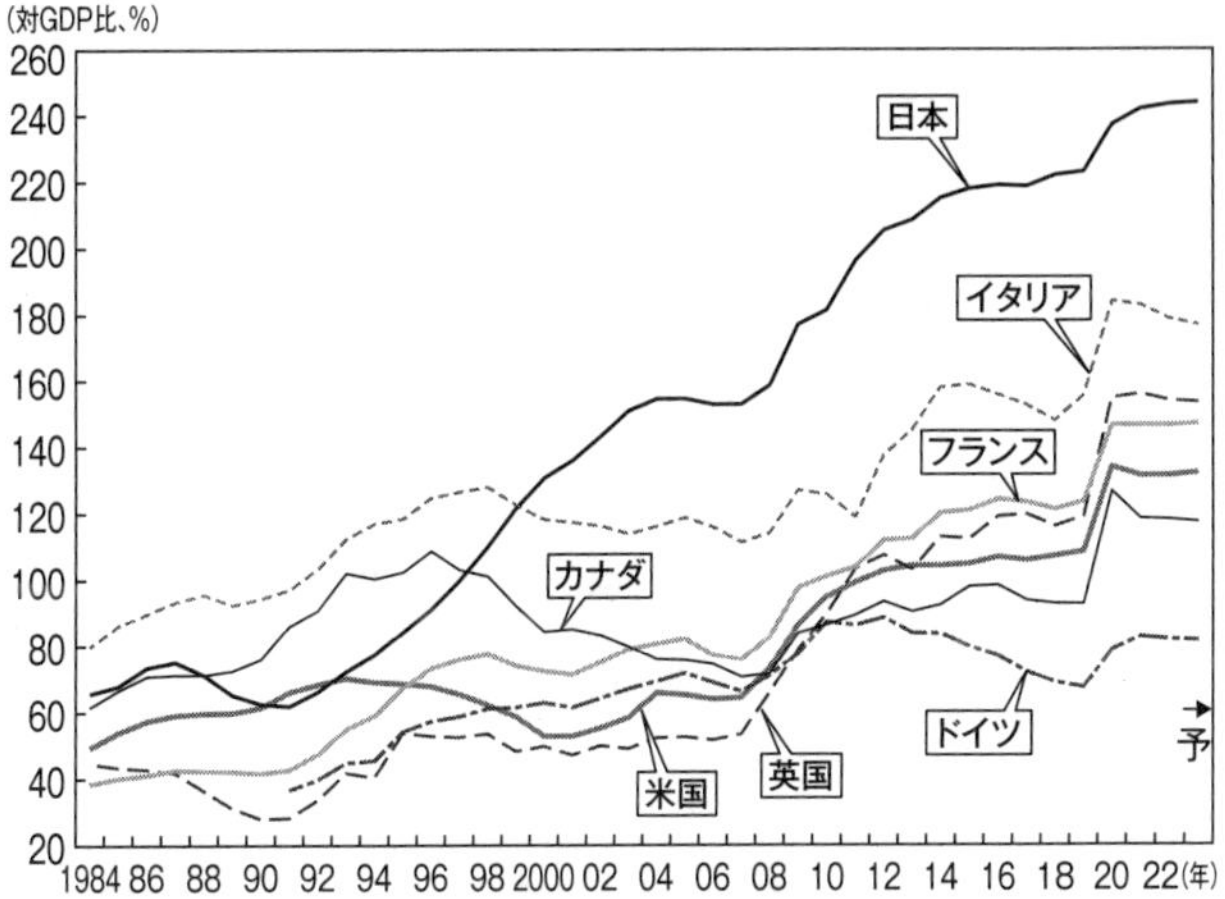

図表5-2-2　G7各国政府の純利払い 対 GDP比率

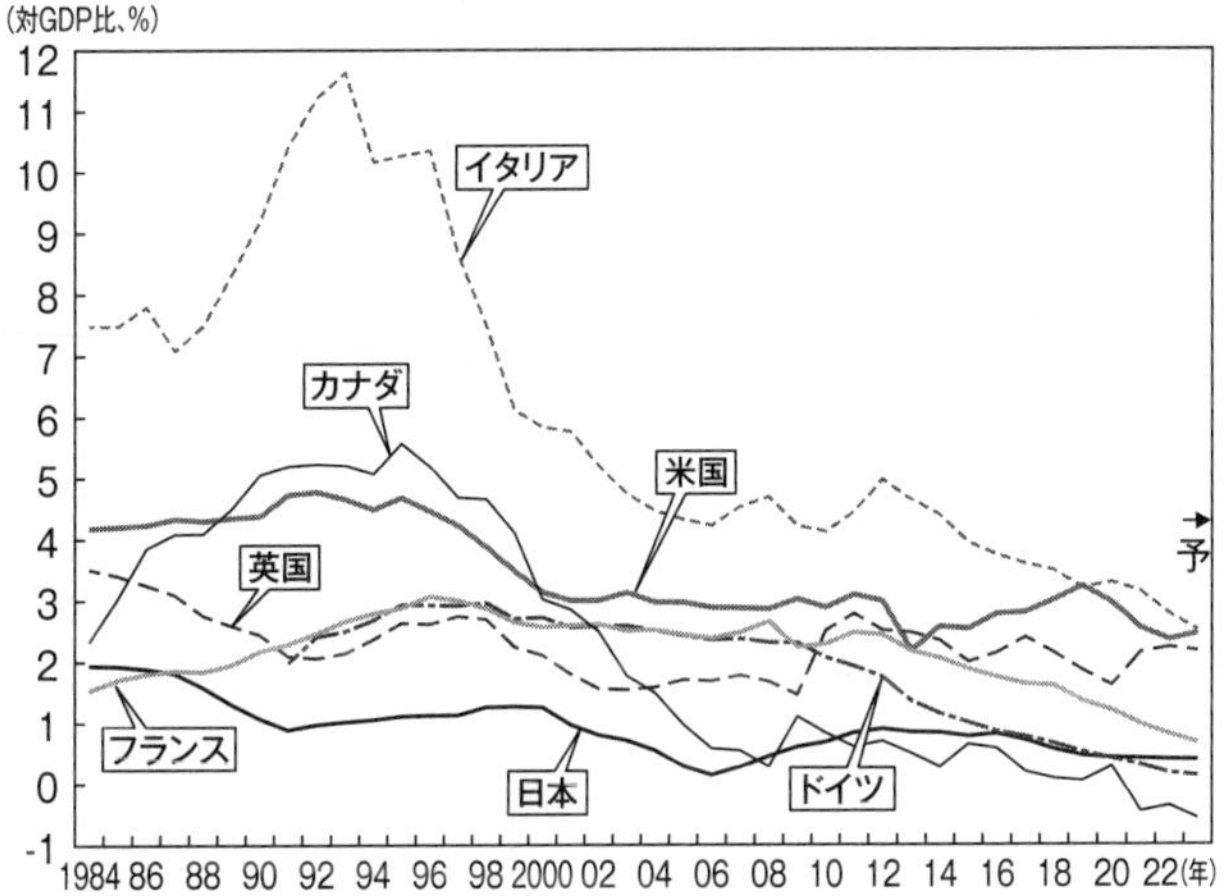

出所：OECD（経済協力開発機構）、武者リサーチ

豊かで、余裕があるのに、「無駄遣いしないように」と自己規制する。この豊かな日本が、なぜそんなにしみったれた惨めな生活をしなければならないのか。それが現在の景気低迷の根本原因だと気づくべきである。

金融市場というものは、極めて合理的に価格が決定される。長期金利というのは、政府が市場から借金をするときの利率である。万が一、日本政府の借金返済能力が危ないということになれば、市場は高い金利を求める。万が一に備えて安全性を確保しておきたいからである。だからギリシャの場合は金利が高かった。ところが日本の金利はずっと世界最低であった。つまりよその家から見たら、「あのうちは母親がお金持ちだから、父親にいくら貸しても大丈夫」という評価をしているということである。

その証拠が二つの図表5-2-1の「G7各国政府総債務残高対GDP比率」と5-2-2の「G7各国政府の純利払い対GDP比」である。確かに日本の総債務残高は図抜けており、これだけを見ると日本は世界最悪である。しかし、これほど赤字が膨らんでいるのなら、当然政府の利息負担がとても大きいだろうと考えて、利払い負担比率を見ると、なんと日本は世界最低レベルなのである。なぜこんなギャップが生まれるのか。それは金利が低いからである。

「財政がとてつもなく悪化」は極端な誇張

　ではここで質問が出てくる。二つのグラフのどちらに重きを置くべきなのか？　答えはズバリ下のグラフである。借金の残高など気にしなくていい、借金の負担能力が問題なのである。たとえていえば、会社からもらった給与の中から、どれだけ利息を払うのかである。借金が収入の１００倍でも１０００倍でも、利払いの負担が少なければ、生活には困らない。

　アメリカのジャネット・イエレン財務長官も、アメリカの財政赤字について「いまのように金利が低く、貯蓄が充分にある環境の下では、政府が借金をして需要をつくるというのは合理性がある」と語っている。

　あと一つ日本の長期金利が低いのは、実は父親にも隠し財産があって、いざとなったらそれで借金を返済できるという事情もある。父親は表面的には大きな借金しているように見せているけれど、でも実は高級外車や貴金属などの「財産」を所有しているということである。ではその「財産」とは何か。それは特別会計である。日本ほど母の財布の規模が

図表5-3　日本政府の統合バランスシート

（兆円）

	2018年度末	2019年度末	増減		2018年度末	2019年度末	増減
〈資産〉				〈負債〉			
現金・預金	51	46	-5	政府短期証券	76	77	1
有価証券	120	126	6	うち外国為替資金証券	75	76	1
うち外貨証券	117	125	7	公債	986	999	13
貸付金	109	107	-2	うち建設公債	277	281	5
うち財政融資資金貸付金	99	98	-1	うち特例公債	577	612	36
運用預託金	113	113	1	うち財投債	92	91	-1
有形固定資産	184	189	4	うちその他(復興債等)	41	15	-26
うち公共用財産	151	152	1	借入金(交付税特会等)	32	32	0
うち国有財産	31	32	1	預託金	6	6	0
出資金	75	76	1	公的年金預り金	121	121	0
その他	22	23	1	その他	37	37	0
資産合計	675	681	6				
資産・負債差額	583	592	8	負債合計	1258	1273	15

出所：財務省

大きい国は世界にない。

図表5－3の「日本政府の統合バランスシート」を見ていただきたい。右側の一番真ん中にある負債合計は平成30（2019）年度末で1273兆円。つまりGDP比約240％。確かに大きな金額である。

しかし左側の欄を見ると、日本政府には資産合計681兆円があるので、差し引きすると純負債は592兆円。半額に減るのである。

ではその財産とは？　第一に有価証券が126兆円。最大のものはアメリカ国債という立派な資産である。必要となったらこれを売り払えばよい。もうひとつは有形固定資産で189兆円。道路や公共施設などで、これも有益な財産である。

この純負債のＧＤＰに対する割合は１１０％でこれは世界平均より少し悪い程度でしかなく、「とてつもなく悪化している」というのは真っ赤な嘘だ。日本の政府債務残高の対ＧＤＰ比が主要国の2倍まで高まったのは、ひとえに経済（名目ＧＤＰ５００兆円強）が過去20年間まったく成長しなかったからである。その日本と対ＧＤＰ比が2倍になった他国とを同じ比率で評価することも問題である。

さらに生活費補塡の借金と、事業のための借金とが、帳簿上は負債に含まれてしまうので、日本の財政は実体に比べて著しく悪く見えてしまうのだ。

本来、国家財政の問題は企業会計同様の複式簿記で考えるべきなのだが、日本の財政記帳は基本的に単式簿記の「大福帳」なのである。

財政支出は「投資的支出」と「財政的支出」に分類され、投資的支出についてはコストを先送りし、利用時点で減価償却をすることで成り立つのだが、国の財政はそのようには記帳されない。減価償却という勘定科目がないので、投資も無駄遣いの支出も年金や社会保障のお金も、ぜんぶ同じ「支出」という項目でひとくくりにされてしまう。

同じ支出でも、高速道路や橋梁のように、経済的な便益や通行料が見込める支出と、社会保障費、生活保護や失業保険のような社会支出とは性格が異なるのだ。その違いも含めて理解しなければ、本当のところはわからない。

財政赤字は〝現代の錬金術〟でカバーできる

しかも日本政府の借金は、日銀からの借り入れである。身内から借りているものだから、本当の意味での借金ではない。しかし「日銀が政府にお金を貸すのは錬金術なんじゃないの？」という声が出てくる。「政府が借金したら日銀が輪転機回してお札を刷ればいいんだから。それでいいんだったら際限なくその方法が取れるだろう」という意見だ。「それで良い」のである。日銀と政府との、いわば財政ファイナンス一体化でよいのだ。

というのは、いまの時代は需要不足の世界だから。インフレにならない程度に需要を創出する必要がある。そこで錬金術でリミットまで需要を増やさないと、経済はデフレに陥る。したがって政府の借金も日銀の金融緩和、輪転機を回してお札を刷ることも、限界まで、ぎりぎりまでやるべきなのだ。元財務官僚で経済評論家の高橋洋一氏はそう主張している。つまり、政府が日銀からお金を借り、日銀はコストゼロで輪転機を回して紙幣を刷るのは、決して借金ではないのだ。

そもそも近代金融経済は「信用創造」と言う錬金術で成り立っている。ただの紙にインクで印刷すれば価値が生まれるというのは、究極の錬金術なのだが、そういう形で需要がつくられれば供給過剰が解消され、人々の生活水準が向上して幸福度が高まる。それをしなかったら何が起こるか。結局、生産性が上がったために賃金が減って失業者が増え、デフレになって経済が死滅する。だから錬金術はいいことなのだ。

先ほども紹介したように、そういう錬金術ができたおかげで、ピラミッドや巨大な墳墓をつくる必要がなくなった。この錬金術（信用創造）こそが資本主義の下で、人々の生活水準を押し上げ、階級対立や格差をなくす推進力だったのである。

ただ日本の財務省は手綱を締める役割があるので警告を発する。財務省というのは、本来的に財政赤字を気にする役所なのだ。そして、日本の財務省は圧倒的なパワーを持ち、財務省の省益にほかの省庁や部署を従属させる力を持っているので、その言い分があたかも正論のように一人歩きしてしまう。多くの官僚やエコノミストが財務省のパワーに腰が引けて、実態が見えなくなっている。

人余り、金余りをなくす施策はこれだ！

いまは金利が最低水準にある。だから高橋洋一氏などは「100兆円国債発行」などを提唱している。こんな金利が安いんだから、借金して方策を立てろということである。

ところが日本政府は決断力がないから、ちょっとずつの逐次投入しかしない。アメリカやヨーロッパが100兆円、200兆円をグリーン投資につぎ込むというのに、日本は10年間で2兆円と桁違いに低い。これでは投資で負けるに決まっている。

日本は世界一の金余り国で、対外純資産は世界最大。お金がある日本が、なぜこんなに投資競争で負けてしまうのか。「胆力」がないからである。

30年前は日本の半導体シェアは世界の50％を占めていた。結局エルピーダメモリーが破たんしてマイクロテクノロジーに買われたり、NANDフラッシュメモリーの開発企業である東芝が外資に資本供給を求めざるを得なくなる等のことが起こった。

巨額の貯蓄余剰がある日本の虎の子の企業がなぜ他国の企業に買われてしまうのか。日本のほうがアメリカより金利が低いのであるから、借金をして東芝を救済するのなら、日本のほうが有利なはずなのに、そうはならない。

日本の経済学者や官僚は、いたずらに財政面を問題にし、日本の資金を有効に使う道を閉ざしてしまっている。資金があるはずの日本が投資をためらうため、結果として、どんどん日本の金の卵が買われていくのだ。実は日本には豊富な資金力があり、金利も安い。しかし投資ができない。それはお金を有効に活用しようという「アニマルスピリット」がないからである。

「赤字は悪」「消費は悪」「貯蓄は美徳」という誤った概念を植えけた官僚や評論家、エコノミストの責任は重い。

定年廃止で高齢人材を活用すれば人口減少は問題にならない！

次は人口問題。人口減少で将来の労働力不足が懸念されているが、では人口問題とはいったい何なのか？

人口が減ることとの経済的な問題はふたつしかない。ひとつは口が減る、つまり需要が減るということ。もうひとつは労働力、働き手が減ること。

では需要が減るというのはどういうことなのだろうか。需要というものは「人口×生活水準」という計算の上に成り立っている。ということは、人口が半減しても、生活水準が2倍になれば需要は減らない。したがって需要が減ることをことさらに心配することはない。我々がその分より多く支出する生活をすれば問題はなくなるのだ。海外に需要を求めることもあり得る。

ふたつ目の労働力の問題。確かに労働力不足は困った問題である。だがそれなら、労働力を増やす施策を講じればよい。女性の社会進出はまだまだ伸びる余地があるし、定年制を見直すことも重要。「人生100年時代」に、65歳で現役を退くのはもったいない。それを70歳、80歳に引き上げれば、労働力が増える。

いまは65歳定年で、本来なら働けるはずの人が年金をもらって、ぶらぶら公園で遊んでいる。この労働力の無駄遣いが諸悪の根源である。働ける人から仕事を取り上げてしまうのだから、彼らが疲弊するのは当たり前なのである。そんな制度の不備があるなら改善すればよいだけのことである。

機器の発展が高齢化問題を解決

いまから２００年前のイギリスでは、50歳で労働力としてはリタイアを余儀なくされていた。目が悪くなって字が読めなくなり、作業に支障をきたすようになるからだ。しかしいまは、老眼鏡も補聴器も進歩し、義歯もある。場合によってはあらゆる筋肉労働は部分ロボットが代用してくれる。ほとんどの衰えは機械がカバーしてくれる時代になっているのだ。やがて、基本的なエッセンシャルワークはロボットが補ってくれる時代になるはずだ。

すると人生１００年で、最後にダメになるのは頭脳ということになる。頭脳労働者は、その瞬間まで、現役で働き続けることが可能だ。

頭脳労働とは、目で見て耳で聞いて情報を獲得し、自分の頭で考えてアウトプットすること。筋肉はあまり動かさなくても、目と頭さえクリアなら働ける。仮にキーボードが打てなくなっても口述筆記もある。例えば寿命が１００年だとしたら、85歳までは働き続けられるだろう。

つまり、人生100年の時代に65歳で年金を受け取ってリタイアするという仕組みさえ変えれば、すべて解決するのだ。労働力が有効に活用され、不必要な年金支出はなくなり、老人に生きるモチベーションを与える。

そのぐらいの高齢者になれば、食べるために働くというよりは、世の中の役に立ち、自分の人生の意義を確認するという意味合いのほうが強いはずである。

「高齢者の定義は何か」というと、それは年齢ではない。高齢者の正しい定義は「余命等価年齢で決まる」と、明治大学教授の金子隆一氏が説明している。余命等価年齢とは「寿命の10年前から老人になる」という定義である。つまり人生100年だったら90歳までは高齢者ではないということである。

なぜかというと、実際に亡くなる10年前ぐらいまではピンピン働いている例が多く、労働市場からリタイヤする必要もない。そうすれば、年齢を経ても「神輿《みこし》を担ぐ側」に回れる。ところが実際には、健康面でも能力面でも〝高齢者〟ではない人をみんな高齢者とひとくくりにして、神輿の上に乗せてしまっている。

ワークライフバランスの変化が社会システムを変える

再三、述べてきたように恒常的に起こる供給力過剰と需要不足がデフレをもたらす。しかし、食料品や生活必需品の需要は、供給の度合いと同じように伸びていくわけではない。とすると、生産量が増えた分をどこで消費するか。それはサービス分野だ。でもサービスを消費するのは、モノの消費より時間がかかる。時間がなければエンターテイメントを楽しむこともできない。

だからこそ、「ワークライフバランス」の充実は、需要不足解消という観点からも重要なのである。週に3日、4日を休みにして、生じた時間でエンターテイメントや芸術を楽しむ、教育や医療を受ける、旅行に行く。そうしないと、たちまち需要不足に陥って経済が停滞してしまう。

生産現場で人員が不要になり、農業もロボットが従事するようになれば、人間がやることがなくなるので労働時間が短縮される。その代わりやることがなくなった人間の消費活動が増える、つまりサービス需要をつくる、ということによって経済は回るのだ。その結果、劇的なワークライフバランスの大転換が起こる。

つまり我々にとって大事なのは、昔のように働いてお金を稼ぐことから、一所懸命遊んでお金を使うことに移っている。「消費が美徳」という、この本質を貫徹するためには、労働時間と生活の時間のバランスを変えないといけない。

つまり「超長期」のトレンドで考えると、100年間続いた異常な長時間労働と余暇のバランスの少なさが、ここで一気に変わるということである。これはただ単に時間の配分だけでなく、社会システムも変える。

人間は働く必要がなくなり、ロボットが働くのだから、政府はそれで浮いた賃金をロボットから召し上げて、「ユニバーサルベーシックインカム」の形で、人に最低限の生活を保障する。そうすれば、人々は等しく生きられる。ただしプラスアルファの贅沢を求める人は、それ以上の分を自分の工夫で稼ぐという仕組みを作ればよい。

すると、労働の定義が変わる。食べるための労働から、楽しむための労働に変わる。マルクスのいう「労働の疎外」ではなく、労働そのものが喜びの源泉になる。

いまアメリカやイギリスでは大離職（Great Resignation）ということが起きている。労働参加率が十分回復せず、依然として基本的に人余り状態なのに、トラック運転手やレストランの接客業などのハードワーク、定期賃金の分野の企業では深刻な求人難に陥っている。労働者は条件を選択し悪条件なら働くことをやめようと考えている。つまり労働者が贅沢になり、選択肢を持つようになったのだ。

その背景に何があるかというと、「食べるための労働」から「満足するための労働」に、確実にシフトしているということである。人間としての満足をさまざまな形で満たすのに最適な形の労働を選びたいという欲求が強まってきたということである。

そうした労働に対するモチベーションを理解せず、労働者にメリットを示せない企業は人が集まらなくなる。明らかに労働の定義が変わりつつある。

日本は「覚悟を決めるとき」に来た

日本は数々の「敗戦」を経験してきて、いまは完全に「負け組」である。確かにプライドは許さないかもしれないが、「これ以上悪くならない」というところまで落ち込んだと考えるべきだろう。

でも、落ちるところまで落ちたと素直に思えれば、覚悟が決まるはずだ。たとえば黒船来航で日本が植民地化されるという危機感が募れば、命を賭けても国を変えたいと願う。いまの日本にその覚悟があるかどうかである。

現代の資本主義下では、儲からない、成長ができない企業は、瞬く間に淘汰される。企業は発展させて雇用を増やし、労働者や株主を豊かにする義務を持っている。

そのためには、「このままでは駄目だ」と覚悟を決めること。覚悟を決めれば、局面は大きく変わっていく。

そしてもう一つ、いまは女子社員も子育てをしながら働く時代だし、男性も育休を取り、子育てを担いながら働く時代だ。大卒の肩書きを持っていないとスタートラインに立てないとか、日本人でなければ、男性でなければ……というハードルはなくなり、会社が求めるものを最適な形で提供できる人間が求められている。それを平等に扱うことができないと、企業が競争に負けてしまう。ダイバーシティの思想はこれからの企業の競争力を左右するほど大きなものになりつつあることを忘れてはならない。

このように日本には多くの問題があるにせよ、様々な数字やデータを勘案、分析すれば、総体として、ここからの日本は大きな躍進を遂げられると私は確信している。要はそれを信じて進むかどうかという日本人のマインドなのだ。

武者陵司（むしゃ　りょうじ）
横浜国立大学卒業後、大和證券入社。企業調査アナリストとして繊維、建設、不動産、自動車、電機・エレクトロニクスを担当。大和総研アメリカで米国のマクロ・ミクロ市場を調査。大和総研企業調査第二部長、ドイツ証券調査部長、ドイツ証券副会長を経て、2009年武者リサーチを設立。
著書に
『アメリカ蘇生する資本主義』東洋経済新報社1993年
『新帝国主義論』東洋経済新報社2007年
『日本株大復活』PHP研究所2009年
『失われた20年の終わり』東洋経済新報社2011年
『超金融緩和の時代』日本実業出版社2013年
『日本株100年に1度の波が来た』中経出版2013年
『結局、勝ち続けるアメリカ経済一人負けする中国経済』講談社2017年
『史上最大のメガ景気がやってくる』KADOKAWA 2018年
『アフターコロナV字回復する世界経済』ビジネス社 2020年等がある。

「安《やす》いニッポン」が日本《にほん》を大復活《だいふつかつ》させる！

2022年３月６日　初版発行
2023年７月12日　第２刷

著　者　武者陵司

発行者　鈴木 隆一

発行所　ワック株式会社
東京都千代田区五番町 4-5　五番町コスモビル　〒102-0076
電話　03-5226-7622
http://web-wac.co.jp/

印刷製本　大日本印刷株式会社

ISBN978-4-89831-860-7